Liebe Leserin,
lieber Leser,

neue Nachrichten erreichen uns am schnellsten über das Internet, wo man Geld mit Werbung verdient und die Anzeigenpreise sich an den Seitenabrufen, den Klickzahlen orientieren. Das führt dazu, dass das Internet tendenziell opportunistisch darauf reagiert, was uns gerade emotional beschäftigt. Auch deshalb finden wir dort seit einigen Monaten fast immer an erster Stelle Nachrichten, die sich mit der Flüchtlingskrise befassen. Vor fünf oder zehn Jahren existierten dazu kaum Berichte im Internet.

Bei mare *konzentrieren wir uns bewusst auf uns wesentlich erscheinende Informationen und gewinnen dadurch Einblicke in Geschehnisse jenseits der Aktualität. Und deswegen manchmal sogar früher als andere Medien. So berichten wir seit mehr als zehn Jahren ausführlich, in langen, vertiefenden Reportagen, über die Flüchtlingsproblematik. Hier eine Auswahl:*

„Für eine Million Schilling“, April 2009: Zehntausende Somalis flüchten über den Golf von Aden nach Jemen. „Schattenspiel“, Februar 2007: ein Flüchtlingscamp im griechischen Hafen Patras, wo die Menschen sich auf Lkws verstecken. „Vermisst“, Juni 2011: letzte Briefe und Fotos von Migranten, die im Mittelmeer ertrunken sind. „Das Dilemma des Comandante“, April 2005: ein Kommandant der Küstenwache auf Lampedusa, der zwischen der Rettung von Leben und der Verhinderung von illegaler Einreise steht. „Friede, Freude, Frontex?“, August 2013: ein Porträt der umstrittenen EU-Agentur für Außengrenzenzusammenarbeit. „Humanitas in Seenot“, April 2010: Rechtslücken bei der Rettung von Bootsflüchtlingen, die nur mit politischem Willen zu schließen sind. „Retten tut not“, Februar 2012: Menschen auf Schiffe aufzunehmen ist illegal, Seenotrettung aber nicht.

Wir werden weiter an diesem Themenkomplex arbeiten, weiter versuchen, Ihnen vertiefende Geschichten zu erzählen, die jenseits der Aktualität liegen. Und wir werden Ihnen, wie in der vorliegenden Ausgabe, das alltägliche Leben jener Menschen näherbringen, die, anstatt vor Terror und sozialer Not zu fliehen, in ihren Ländern bleiben (Seite 12).

Viel Spaß beim Lesen wünscht Ihnen

Nikolaus Gelpke

Inhalt

Reportage: Der Hafen von Lagos – gewalttätig, chaotisch, korrupt

Politik: Die heimliche Zwangsverschiffung britischer Heimkinder

Leben: Ein rastloser Abenteurer findet in Grönland zur Ruhe

Wirtschaft: Ein Weltproblem – der Menschheit geht das Phosphat aus

Titel: Venus – die meergeborene Patronin des Eros und der Menschenliebe

Wissenschaft: Jona, vom Wal verschluckt und ausgespien. Geht das?

Wissenschaft: Einst eine kühne Vision – die Sahara wird zum Meer

RUBRIKEN

Übrigens: *Ein schöner (Heft-)Rücken kann auch entzücken. Ein Fisch ist ein Fisch ist ein Fisch …*

1 MIAMI BEACH
Die Zeiten ändern sich. Detective Sonny Crockett ist im besten Rentenalter, und am berüchtigten Strand regiert ein Hühnerbaron mit seinem Schätzchen. Oder war es gar ein Schatz?
Seite 124

2 NEW YORK
Gespreizte Frauenbeine als Entree, manch Hamburger kennt das Etablissement, dessen Namen wir dezent verschweigen. Andernorts war Ähnliches Kunst und hüben wie drüben am Ende ein feuchter Traum.
Seite 88

3 TASIILAQ
Wo weniger mehr ist als höchste Höhen und Rekorde, sah der Extremist rot und fand seine liebste Hütte. Nur der Schnee fällt dort genauso weiß und leis', wie er es immer und überall schon tat.
Seite 48

4 TSCHUKOTKA
Der Blick aufs Meer, ein blutendes Herz dazu. Das sind nicht die Grundzutaten für sehnsuchtsvolle Seemannsbrautgesänge. Die Dame hier hat gänzlich andere Gelüste.
Seite 105

5 BRIGHTON
Ob das Tier mit den langen Beinen ein liebevoller Papa sein kann, das mögen die Insektenforscher beurteilen. Sein Namensvetter jedenfalls war auf Dauer wenig zuverlässig.
Seite 66

6 ANNASCAUL
Wer nichts wird, wird Wirt. An Irlands Westküste gelten andere Gesetze: Da wird ein kerniger Abenteurer brave Lokalgröße. Böse Zungen behaupten, die Frau war schuld.
Seite 64

7 CAMELLE
Während der einst gut gekleidete Herr an Kleidung verlor, gewann er gleichzeitig an Überzeugung. Nur waren davon nicht alle wirklich überzeugt.
Seite 44

8 AZOREN
Beim Weintransport ist etwas schiefgelaufen. Die Lieferanten haben die Ware selbst getrunken, doch Alkohol war wie so oft keine Lösung und die Lösung selbst ein böses Problem.
Seite 60

No. 115
mare
Die Schauplätze

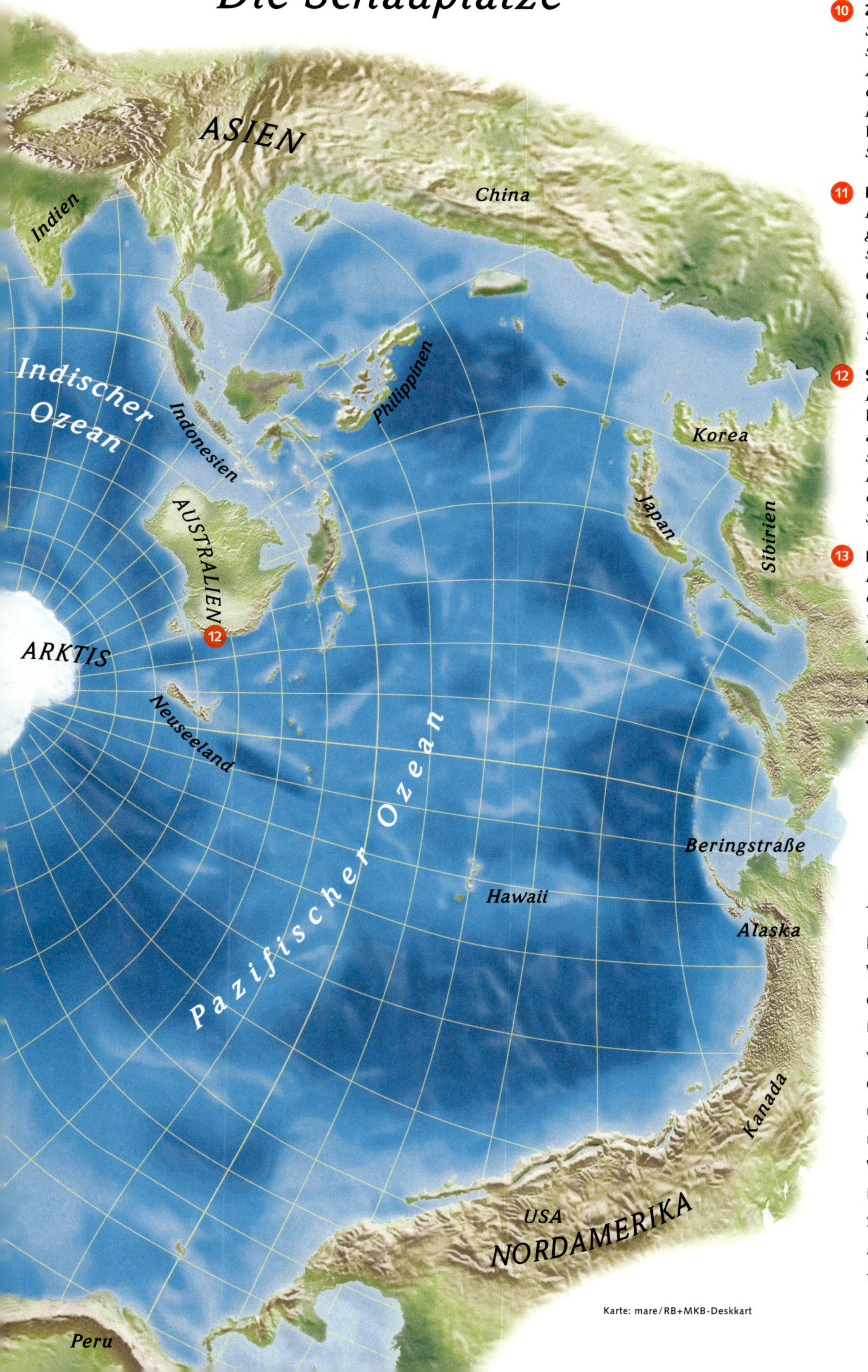

Karte: mare/RB+MKB-Deskkart

9 SCHOTT EL DSCHERID
Ein genauer Blick auf den Spiegel brachte die Ernüchterung. Doch der Mann war im Fieber für das Land, das keines mehr sein sollte, und das brachte ihn am Ende um.
Seite 118

10 ZYPERN
Sie finden, Stand-up-Paddling sieht dämlich aus? Die berühmte Ausnahme braucht noch nicht einmal ein Ruder, um trockenen Fußes dort anzukommen, wo die Welt ihr seither zu Füßen liegt.
Seite 80

11 LAGOS
Die Zeiten ändern sich, wo man geht und steht, wer obenauf schwimmt, braucht kein Boot dazu. Den sicheren Hafen scheint es für keinen zu geben, aber Gerechtigkeit sieht anders aus.
Seite 12

12 SYDNEY
Das leichte Gepäck wurde den Weitgereisten bei der Ankunft abgenommen. Was sie stattdessen tragen mussten, war eine Last, die keine Waage der Welt ermessen kann.
Seite 34

13 FALKLANDINSELN
Für manchen Wissenschaftler, der das Gegenteil behauptete, wäre die Wahrheit wohl schlecht zu verdauen. Dem Tier, das Gegenstand der Forschung war, liegt deren Kenntnisstand nun nicht mehr schwer im Magen.
Seite 112

Die mare-Weltkarte

Der Versuch, den Globus auf eine Weltkarte zu projizieren, quasi die Quadratur der Kugel, ist ohne Kompromisse zum Scheitern verurteilt. Und so sind es stets die Meere, die auseinandergerissen und verzerrt dargestellt werden. **mare** beschreitet mit seiner Weltkarte den umgekehrten Weg: Nach einer Projektion von Athelstan Spilhaus präsentieren wir die Meere und ihre Küsten so, wie sie tatsächlich zusammenhängen.

DAS BLAUE TELEFON

Ihre mare-Hotline in die unerforschten Weiten und Tiefen der Meere

Ihre maritimen Fragen können Sie per Telefon (0800/218 218 2, gebührenfrei) oder E-Mail (wat@mare.de) stellen. Es antworten Ihnen Jana Stone und Alina Fischbeck von MARUM – Zentrum für Marine Umweltwissenschaften der Universität Bremen.

Stimmt es, dass die Sonne eigentlich schon untergegangen ist, wenn sie bei Sonnenuntergang am Horizont steht?

Markus Schaan, per E-Mail

In der Tat ist die Sonne physikalisch bereits hinter dem Horizont versunken, während wir noch ihren Untergang beobachten. „Dies hat mit der Lichtbrechung in der Atmosphäre zu tun", erklärt Stephan Fichtner vom Planetarium Hamburg. Man kennt diesen Effekt aus Experimenten im Physikunterricht, bei denen ein Lichtstrahl beim Übergang von Wasser zu Luft – also in der Grenzschicht zweier Stoffe unterschiedlicher Dichte – durch Brechung abknickt. „Auf ihrem Weg durch die Atmosphäre passieren die Sonnenstrahlen Luftschichten mit stetig zunehmender Dichte und werden immer wieder gebrochen. Diese Übergänge sind jedoch fließend, sodass das Licht auf einer gekrümmten Bahn durch die Atmosphäre läuft", so Fichtner. Das Sonnenlicht wird um den Horizont „herumgebogen" und gaukelt uns vor, die Sonne stünde noch darüber. Der Unterschied beträgt hierbei etwa 0,5 Grad, was uns morgens und abends circa zwei Minuten mehr Tageslicht schenkt. Auch treffen die Strahlen vom unteren Rand der Sonne in einem anderen Winkel auf die Atmosphäre als die vom oberen Rand und werden auf ihrem Weg durch die Lufthülle stärker abgelenkt. Hierdurch wird der untere Teil der Sonne stärker „angehoben", weshalb die Sonnenscheibe uns dicht über dem Horizont in ovaler, abgeplatteter Form erscheint.

Gekrümmte Strahlen der untergegangenen Sonne schenken uns vier Minuten Tageslicht

Welche Fangmethoden sind am nachhaltigsten?

Jens Strackmann, per E-Mail

Während der globale Fischkonsum stetig zunimmt, hat die industrielle Fischerei innerhalb weniger Jahrzehnte manche Fischbestände bereits um 50 bis 80 Prozent dezimiert. Ein Problem gängiger Fangmethoden ist der Beifang, das heißt ungewollt gefangene Arten, die dann wieder über Bord geworfen werden und meist verenden. Dies trifft neben wirtschaftlich uninteressanten Fischarten auch Meeressäuger, Seevögel, Schildkröten und Robben. In manchen Fällen beträgt der Beifang ein Vielfaches der eigentlichen Fangmenge. Einen hohen Anteil an Beifang verursachen Schlepp- und Stellnetze und die bereits weitestgehend von der UN verbotenen Treibnetze. Besonders kritisch ist die Fischerei mit Grundschleppnetzen, da sie Ökosysteme am Meeresboden massiv schädigt. Mancherorts wird bereits nachgebessert. So konnte etwa durch den Einsatz von Fluchtfenstern in Netzen und speziell geformten Haken der Beifang einzelner Arten reduziert werden. Zu den wenigen Fangmethoden, die als nachhaltig gelten können, gehört das Fischen mit Angelruten, Haken und Leine, Handleinen oder Harpunen. Es ist sehr selektiv, sodass hierbei kein Beifang anfällt und die Meereswelt geschont wird. Dennoch ist für den Erhalt der teilweise überfischten Bestände die Regulierung durch Quoten und die Schonung von Jungtieren entscheidend.

Woher hat der Knurrhahn eigentlich seinen Namen?

Herbert Stein, per E-Mail

Etwa 120 Arten der Meeresfische mit diesem kuriosen Namen sind weltweit in den Schelfmeeren verbreitet. Knurrhähne *(Triglidae)* sind zwischen zehn und 75 Zentimeter lang, haben ein breites Maul und einen eckigen, mit Hautknochenplatten gepanzerten Kopf. Mit den fingerartigen Strahlen ihrer Brustflossen können sie auf dem Boden laufen und nach Nahrung – kleinen Fischen, Krebsen und Weichtieren – tasten. Die Rückenflosse auf dem Kopf des Knurrhahns ähnelt einem Hahnenkamm, was ihm wohl den zweiten Teil seines Namens bescherte. Der erste Teil beruht auf der Tatsache, dass dieser Meeresbewohner tatsächlich knurren kann. Jeder Fischer, der schon einmal solch einen Fisch in der Hand hielt, weiß, dass man das Knurren nicht nur hören, sondern auch fühlen kann. Es entsteht durch Muskeln, die die Schwimmblase zum Vibrieren bringen. Da der Knurrhahn am Meeresboden lebt, benötigt er im Gegensatz zu anderen Fischarten seine Schwimmblase nicht wie üblich zum Auftrieb. Sie dient ihm stattdessen als Resonanzkörper.

Der Kurrhahn knurrt tatsächlich: Mit Muskeln lässt er seine Schwimmblase vibrieren

Sind Bomben, Munition und andere Altlasten aus den Weltkriegen in den Meeren heute noch eine Gefahr?

Günther Kaiser, per E-Mail

Nach den Weltkriegen wurden große Mengen an Munition, Sprengstoff und anderen Kampfstoffen in den Meeren verklappt. Ein Teil dieser Altlasten wurde in der Nachkriegszeit geborgen, die verbliebenen Mengen sind jedoch unbekannt und können nur geschätzt werden. Sie stellen noch heute eine potenzielle Gefahr dar, etwa für die Schleppnetzfischerei. In jüngster Zeit hat man Altlasten vor allem beim Bau von Offshorewindparks oder Pipelines gefunden und geborgen oder gesprengt. Durch Korrosion können Sprengstoffe und andere schädliche Substanzen ins Wasser gelangen, was aber von Zustand und Hüllenstärke der Munition, der Zusammensetzung und Lösbarkeit der Stoffe sowie den Umgebungsbedingungen abhängt. Bestandteile chemischer Munition stehen im Verdacht, krebserregend zu sein oder Erbgut zu verändern. Zwar konnte bislang keine großflächige Belastung des Meeres durch Kampfmittel nachgewiesen werden, doch die Auswirkungen, auch im Hinblick auf den Verdünnungseffekt, sind bisher kaum erforscht. Eine konkrete Gefahr kann jedoch am Strand lauern: Aus Brandbomben stammender weißer Phosphor wird leicht mit Bernstein verwechselt und kann sich beim Trocknen in der Tasche des Sammlers entzünden.

Kampfstoffe früherer Kriege im Meer sind noch immer gefährlich – aber keiner weiß, wie sehr

FLUCHT
Hinter den Schlagzeilen beginnt die
„Ich habe kein Heimweh nach Russland“
Vor einem Jahr wurde ihr Vater, der russische Oppositionelle Boris Nemzow, ermordet.
Seitdem lebt Schanna Nemzowa in Deutschland. Ein Gespräch Gesellschaft SEITE 24
taz.am wochen
BADEN-WÜRTTEMBERG
Das Schicksal

Minibusse sind das Hauptverkehrsmittel der Bewohner von Lagos.
Im Hintergrund erhebt sich mitten im Hafen eine Bohrinsel

DIE PIERS DES IRRSINNS

TEXT: ANDRZEJ RYBAK

FOTOS: BÉNÉDICTE KURZEN

LAGOS IN NIGERIA IST MIT FAST 20 MILLIONEN EINWOHNERN DIE GRÖSSTE STADT AFRIKAS. UND SEIN HAFEN WÄCHST UND WÄCHST. ER IST EIN SPIEGELBILD DER MEGASTADT – GEPLAGT VON KRIMINALITÄT UND CHAOS, GELÄHMT DURCH SINNLOSE BÜROKRATIE

HIER UND DA SIND NOCH RESTE DER MANGROVEN ZU SEHEN, DIE EINST UM DIE LAGUNE WUCHSEN. DOCH DAS WAR VOR LANGER ZEIT. HEUTE ARBEITEN HIER ZIGTAUSENDE MENSCHEN IN EINEM MODERNEN HAFEN

DAS CONTAINERSCHIFF KÜNDIGT sich mit lautem Sirenengeheul an. Der Kapitän steuert den hellblau leuchtenden Kahn in die enge Einfahrt der Lagune von Lagos, vorbei an den mit Palmwedeln bedeckten Hütten von Tarkwa Bay, entlang der künstlich aufgeschütteten Halbinsel Eko Atlantic, wo in den kommenden zehn Jahren ein Büro- und Finanzzentrum entstehen soll. Passagierboote flüchten, Fischer in Einbaumkanus ziehen schnell ihre Netze ein und betrachten den Giganten, auf dessen Deck sich himmelhoch die Container stapeln.

Die „Maersk Calabar" bahnt sich langsam den Weg in die Lagune. Hier und da sind noch spärliche Reste der Mangroven zu sehen, die einst die Lagune säumten. Doch das war vor langer Zeit. Heute dümpeln an den Kaimauern von Apapa und Tin Can Island Dutzende Schiffe aus aller Welt, aus Griechenland, Panama und vor allem aus China, das kürzlich zum wichtigsten Handelspartner Nigerias aufgestiegen ist. Gleich dahinter türmen sich riesige Getreidesilos, Treibstofftanks und Lagerhallen sowie Mehl- und Düngerfabriken, zu denen klobige Transportanlagen führen.

Die Hafenterminals liegen mitten in der Metropole, dort wo der Badagry Creek mit seinen vielen Nebenarmen in die Stadtlagune von Lagos mündet. Sie sind umschlungen von Dörfern, Wohn- und Bürovierteln, in denen beinahe 20 Millionen Menschen täglich ums Überleben kämpfen. Der Hafen hält dem Würgegriff der größten Stadt Afrikas stand, im Gegenteil, er frisst sich in die umliegenden Wohngebiete. Das schnell wachsende Nigeria mit seinen 170 Millionen Einwohnern braucht immer mehr Waren.

Heute ist Lagos bereits der achtgrößte Hafen in Afrika, 2014 fertigte er über 3100 Schiffe mit einer Gesamtgröße von 87 Millionen Bruttoregistertonnen ab. In Hamburg, dem größten Hafen Deutschlands, wurden im gleichen Jahr knapp 260 Millionen Bruttoregistertonnen abgefertigt. 85 Prozent des nigerianischen Warenumschlags, Erdöl und Flüssiggas ausgenommen, werden in Lagos abgewickelt. „Der Warenumschlag in Lagos wächst um durchschnittlich zehn Prozent im Jahr", sagt Nasir Anas Mohammed, General Manager der Nigerian Ports Authority.

Formell ist der Hafen in zwei selbstständige Einheiten eingeteilt, Apapa und Tin Can Island, die durch einen schmalen Kanal voneinander getrennt sind. Während in Apapa vor allem Massengut und Container abgefertigt werden, haben sich auf Tin Can Island auch Treibstoffhändler und Autospediteure niedergelassen. Der weitverzweigte Hafen ist ein Spiegelbild

Im Hafen parken nicht nur Containerschiffe. Auch kleine Fischerboote haben ihre Liegeplätze, wie hier in Tarkwa Bay

Wer einen Job im Hafen von Lagos hat, kann sich glücklich schätzen. Einmal im Monat versammeln sich alle Arbeiter des Nigerdocks auf Snake Island, um neue Sicherheitsinstruktionen entgegenzunehmen

DIE KONTRASTE SIND ALLGEGENWÄRTIG: COMPUTERGESTEUERTE HAFENANLAGEN UND ARMSELIGE HÜTTEN AUS SCHWEMMHOLZ LIEGEN NUR WENIGE METER VONEINANDER ENTFERNT

der Megastadt, die von schlechter Infrastruktur, permanentem Verkehrschaos, wachsenden Müllbergen und sozialen Gegensätzen geplagt ist.

Die Kontraste sind allgegenwärtig. Computergesteuerte Hafenanlagen und armselige Hütten aus Schwemmholz und Pappe liegen nur wenige Meter voneinander entfernt. Wie das ganze Land leidet der Hafen unter staatlicher Bürokratie und Inkompetenz, stöhnt unter wuchernder Korruption und Kriminalität. In Hafen laufen die Interessen vieler Clans zusammen, die Nigerias Wirtschaft seit der Unabhängigkeit vor 56 Jahren beherrschen.

Der Hafen in Apapa ist seit 1921 in Betrieb. Er liegt direkt gegenüber von Lagos Island, wo sich heute viele Banken und Behörden befinden. Die Fähre setzt in zehn Minuten über die Lagune, mit dem Wagen dauert es manchmal zwei Stunden, denn die Zufahrtsstraße ist fast immer verstopft. Endlose Lastwagenkolonnen pusten Abgaswolken in die Luft, alle hupen, aber nichts rührt sich. Motorräder drängen sich zwischen den Autos, um schneller durchzukommen. Hunderte Fußgänger laufen am Straßenrand, es gibt keinen Fußweg, sie springen zwischen Schlammpfützen umher, wenn es in der Nacht geregnet hat. Fliegende Händler belagern die langsam vorankommenden Autos, verkaufen Trinkwasser und Früchte, aber auch gefälschte Uhren, Parfüms und Sonnenbrillen. Bettler halten die Hand auf, manche sind verkrüppelt, es gibt viele minderjährige Mütter mit Babys auf dem Arm.

Vor der Hafeneinfahrt, die an eine Autobahnmautstation erinnert, lungern Gruppen von Männern herum, die nach einem Gelegenheitsjob suchen. Frauen in orange leuchtenden Westen der Stadtreinigung sammeln Müll auf. Mitten in diesem Durcheinander leuchtet eine große Digitaltafel mit den Namen der Schiffe, die gerade im Hafen abgefertigt werden – samt Angaben zu Ladung, Reederei und zuständigen Schiffsagenten. Die Tafel wird von der Hafenbehörde gespeist, die den Schiffsverkehr im Hafen regelt und die Lotsen stellt. Vom Kontrollraum im fünften Stock des Hafenturms können die Beamten der Nigerian Ports Authority die gesamte Hafeneinfahrt überblicken.

Bis 2006 wurde der Hafen von Lagos – wie auch alle anderen in Nigeria – vom Staat betrieben. Es war das reinste Chaos. Tausende Familien kampierten auf dem Hafengelände, die Anlagen verfielen, die Lösch- und Ladearbeiten zogen sich über Wochen und Monate hin. Auf dem Meer warteten Hunderte Schiffe auf Einfahrt, manche Reeder heuerten alte Seelen-

Tarkwa Bay, an der Laguneneinfahrt gelegen, ist Treffpunkt der wohlhabenden Mittelschicht von Lagos

Das Dorf Sagbo Koji liegt in Sichtweite der Hafenanlagen von Tin Can Island, die Ende der 1970er-Jahre erbaut und seither nach und nach erweitert wurden

Die Ufer sind voller Müll. Täglich werden unzählige Plastikflaschen, Tüten, Gummilatschen und Stofffetzen angeschwemmt

verkäufer an, um sich einen Platz in der Schlange zu sichern. Immer wieder ging solch ein Kahn bei Sturm unter oder wurde an die Küste gespült.

Es war die Regierung von Olusegun Obasanjo, die den Missständen ein Ende setzte und den Hafen privatisierte. Sie vergab elf Konzessionen an private Betreiber, sechs in Apapa und fünf in Tin Can. Der vor sich hin siechende Hafen begann zu wachsen. „Wir konnten den Umschlag in sieben Jahren von 140 000 auf 500 000 Tonnen monatlich steigern", sagt der Amerikaner Mark Walsh, Geschäftsführer des Terminalbetreibers ENL. Das Konsortium um den nigerianischen Geschäftsmann Prince Clement Adesuyi Haastrup erhielt 2006 die Konzession und investierte seitdem mehr als 50 Millionen US-Dollar, um verfallene Lagerhallen und defekte Kräne zu sanieren. „Wir haben die Löscharbeiten in Schnitt von 20 auf fünf Tage je Schiff verkürzt", so Walsh.

An der 1,7 Kilometer langen Kaimauer geht es entsprechend hektisch zu. Acht Frachter werden gleichzeitig entladen, Schiffskräne und Transportbänder bringen Dünger und Reis an Land, wo einheimische Arbeiter sie in Säcke füllen. Sie werden von Trägern geschultert und auf Lastwagen verladen.

Das ENL-Konsortium könnte noch schneller wachsen, wäre da nicht die Regierung, die immer wieder in das Marktgeschehen eingreift und die Einfuhr verschiedener Waren untersagt. Offiziell heißt es immer, die Maßnahmen dienten dem Schutz der heimischen Produktion, doch in Nigeria glaubt niemand daran. Der Importstopp von Zement Anfang 2013 führte nur dazu, dass der lokale Monopolist Dangote Cement die Preise nach oben schraubte. Die Importsteuer auf Reis belebte keineswegs die lokale Produktion, dafür aber den Schmuggel aus Benin. „Das ENL hat durch solche Entscheidungen von einem Tag auf den anderen Millionen Tonnen an Umschlag verloren", klagt Walsh.

Das ENL-Hauptquartier in Apapa ist ein moderner, verspiegelter Bau mit einer

IN DEN DÖRFERN NAHE DEN MODERNEN HAFENANLAGEN LEBEN DIE MENSCHEN WIE VOR 100 JAHREN. ES GIBT KEINEN STROM UND KEIN FLIESSENDES WASSER. TRINKWASSER HOLT MAN SICH AUS DER STADT

eleganten Empfangshalle. Doch in den Büros lässt der Fortschritt noch auf sich warten. Hunderte Dokumentenmappen und Briefe liegen auf den Schreibtischen oder stapeln sich auf dem Boden entlang der Wände. „Wir drucken alles auf Papier aus, denn mit Computern gibt es täglich Probleme. Entweder gibt es kein Netz oder die E-Mail-Server funktionieren nicht", erzählt Walsh, der seit 15 Jahren in Lagos lebt. „In Nigeria läuft garantiert alles falsch, was falsch laufen kann. Aber der nigerianische Markt ist zu groß und zu wichtig, um ihn zu ignorieren."

Auf den Inseln gegenüber den Kais von Apapa ist von Fortschritt nichts zu spüren. In dem Vorort Sagbo Koji leben rund 30 000 Menschen; auf engstem Raum stehen unzählige armselige Hütten, die meisten sind aus Brettern und Pappe gebaut, rechteckige Schachteln mit rostigem Wellblechdach. Früher lebten die Bewohner vom Fischen in der Lagune, doch das ist vorbei. „Weil das Wasser so verschmutzt ist", klagt Victor Dosu, der Dorfchef. Er hebt einen Ölklumpen auf, den das Wasser an den Strand gespült hat, als bräuchte er einen Beweis.

Die Wellen, die von den Schiffen stammen, schlagen hart gegen die Ufer von Sagbo Koji, sie reißen immer wieder Sediment mit sich und zerstören die am Wasser gebauten Häuser. „Es gibt zwar eine Geschwindigkeitsbegrenzung im Hafen, doch viele Kapitäne halten sich nicht daran", sagt Dosu.

Sagbo Koji hat noch mit vielen Problemen zu kämpfen. Die Ufer der Insel sind von Müll bedeckt, täglich werden unzählige Plastikflaschen, Tüten, Gummilatschen und Stofffetzen angeschwemmt, in denen Ziegen und Schweine herumwühlen. Es gibt zu wenig Latrinen, überall am Strand liegen Kothaufen, Kinder verrichten die Notdurft dort vor aller Augen. In den wenigen unberührten Buchten ankern uralte Kähne, die längst keine Betriebslizenz mehr haben. Wenn sie untergehen, entweichen Öl und Chemikalien.

In Sichtweite der modernen Hafenanlagen leben die Menschen in Sagbo Koji wie vor 100 Jahren, es gibt weder Strom noch fließendes Wasser. „Wir kaufen Trinkwasser in der Stadt, füllen es in große Plastiktanks und bringen es in Pirogen hierher", sagt Dorfchef Dosu. „Und Strom gibt es hier nur aus dem Generator."

Doch selbst ihre armselige Existenz ist bedroht. „Vor fast zehn Jahren hat die Regierung uns aufgefordert, das Land zu verlassen", sagt der politische Aktivist und Lehrer Salomon Akojedu. „Sie hat unser Land drei nigerianischen Unternehmen

Malerarbeiten auf Snake Island. Die Insel ist Teil des Hafens und Standort für Erdöl- und Energieunternehmen

In den Dörfern am Meer sind die Aufgaben klar verteilt. Die meisten Männer gehen fischen, während ihre Frauen zu Hause kochen oder die gefangenen Fische räuchern und auf Lagos Island verkaufen

WEIL SIE DEM AUSBAU DES HAFENS IM WEGE STEHEN, SIND 35 SIEDLUNGEN MIT 80 000 BEWOHNERN BEDROHT. DIE LEUTE FÜRCHTEN, DASS DIE POLIZEI MIT BULLDOZERN ANRÜCKT UND ALLES PLATT WALZT

versprochen, die hier Treibstofflager und Pumpanlagen bauen wollen. Doch wohin sollen wir gehen?"

Die Leute von Sagbo Koji und vier anderen Dörfern reichten eine Klage vor dem Obersten Gericht ein. Eigentlich ist die Rechtslage klar, das Dorf gibt es seit 100 Jahren, es ist älter als der Hafen. Dennoch spricht das Gericht kein Urteil. „Die Leute fürchten, die Polizei wird irgendwann mit Bulldozern anrücken und alles platt walzen", sagt Akojedu. „Das haben wir schon an anderen Orten gesehen."

Weil sie dem Ausbau des Hafens im Weg stehen, sind insgesamt 35 Siedlungen mit 80 000 Bewohnern bedroht. Wirtschaftsinteressen kollidieren mit Menschenrechten ihrer Bewohner, die zu den Ärmsten der Gesellschaft gehören. „Wir trauen der Regierung nicht", sagt Akojedu. „Sie muss uns zumindest ein anderes Stück Land geben und eine Entschädigung für die Häuser zahlen. Sonst wird Blut fließen."

Lagos steht vor einem ernsten Problem. Ohne weiteren Ausbau wird der Hafen schon in wenigen Jahren an seine Kapazitätsgrenzen stoßen. „Die Regierung muss den Terminalbetreibern neue Flächen zur Verfügung stellen", fordert Obiageli Duru, die stellvertretende Handelsmanagerin von APM-Terminals in Apapa, einer Tochter des Maersk-Konzerns.

APM-Terminals hat 2015 in Lagos 700 000 Standardcontainer umgeschlagen, mehr als jeder andere Hafen Westafrikas. Täglich verlassen über 1000 Container per Lastwagen den Terminal. „Was Ladezeiten betrifft, sind wir in Lagos schon Weltstandard, die Schiffe liegen im Schnitt weniger als 55 Stunden im Hafen", sagt Duru stolz. „Dann dauert es aber Wochen, bis die Ware durch den Zoll kommt." Die Beamten bestehen darauf, möglichst jeden Container unter die Lupe zu nehmen. „Bei uns werden etwa 70 Prozent der Stahlkisten kontrolliert", schimpft Duru. „Insgesamt dauert die Abfertigung dann 22 Tage, was viel Geld kostet und niemandem nutzt." Nur den Zöllnern, die für manche Gefälligkeiten unter der Hand entlohnt werden.

Ein Nadelöhr ist auch das Straßennetz. Es dauert Tage, um die Container auf den verstopften Straßen aus dem Hafen zu bringen. Entlastung könnte eine moderne Bahnlinie bringen, von der seit Jahren gesprochen wird. Doch nichts passiert. Nur ein einziges altes Gleis führt zum Terminal, der Zug nach Kano fährt einmal in der Woche und kann gerade einmal 21 Containerwaggons ziehen.

Es ist Freitagnacht, der Stau in Apapa löst sich langsam auf, weil der Zoll keine

Im Rahmen der „Lagos Regatta" schmücken einige der Dorfbewohner ihre Boote für einen Kreativwettbewerb

Junge Teilnehmer der „Lagos Regatta" – ein Festival, das vor einigen Jahren vom Gouverneur ins Leben gerufen wurde – posieren für die Kamera. Jeder von ihnen ist Repräsentant seines Heimatdorfs

Am Dock warten die Männer auf das Löschen der Ladung. Hinten sind die Hochhäuser von Lagos Island zu sehen

Nacht- und Feiertagsschichten kennt. Frauen in kurzen Miniröcken und engen, tief dekolletierten Blusen haben den Platz der Bettler eingenommen und halten Ausschau nach Freiern. Die Wohnhäuser in den Nebenstraßen verwandeln sich in Stundenhotels, sie vermieten Zimmer für schnellen Sex.

In der „White Collar Bar" drängen sich nigerianische Hafenarbeiter, Seeleute aus Indien und den Philippinen, Lastwagenfahrer, die auf ihre Waren warten. Neben der Bar blinkt die Leuchtreklame für Jack Daniel's und Heineken, im Fernsehen läuft Fußball, die englische Premier League. Die Musik ist laut, dennoch kann sie den Lärm des Generators nicht übertönen. „Nigeria ist schon ein seltsames Land", sagt Barbesitzer Mshahzad Khuram. „Es ist reich, hat aber nicht genug Strom. Das Land importiert fast alles, es wird kaum etwas produziert. Ein T-Shirt kostet dreimal so viel wie in Pakistan. Es ist ein hervorragender Ort, um Geld zu verdienen."

Khuram schüttelt den Kopf. Vor 17 Jahren kam er aus Sialkot in Pakistan nach Lagos, um hier Sportkleidung zu verkaufen. Er heiratete eine Nigerianerin und hat mit ihr eine dreijährige Tochter. Seine Frau ist zum Islam konvertiert. „Ich wollte nicht, dass sie arbeitet. Das gehört sich nicht. Aber sie bestand darauf. Nun kümmert sie sich um die Küche."

Viele Hafenarbeiter in Apapa sind Muslime. Sie kommen aus dem Norden Nigerias, wo es keine Jobs und keine Perspektiven gibt. Die Misere treibt der islamistischen Terrorsekte Boko Haram, die im Norden einen islamistischen Gottesstaat errichten will, viele Anhänger zu. Sie zündet Bomben auf Märkten, in Busstationen und Schulen und hat bereits Tausende unschuldige Menschen getötet.

In Lagos, wo die große Mehrheit der Bevölkerung Christen sind, ist von dem Terror nichts zu spüren. Aber auch hier im Süden kommt der Ölwohlstand bei den meisten nicht an. Zwar wuchs die Wirtschaft zwischen 2004 und 2014 um

MARITIME NEWANDA

Man erkennt die Frauen der Fischer oft an ihren Tätowierungen auf den Unterarmen. Manchmal warten sie tagelang, bis ihre Männer von der Arbeit heimkehren

durchschnittlich 6,5 Prozent im Jahr, doch seit dem Absturz des Ölpreises hat sich die Lage dramatisch verschlechtert. Im Januar 2016 wandte sich Nigerias Regierung wegen eines Notkredits von 3,5 Milliarden US-Dollar an die Weltbank, um die größten Haushaltslücken zu schließen. Das westafrikanische Land hat mit einem Bruttoinlandsprodukt von 568 Milliarden Dollar im Jahr 2014 Südafrika als größte Volkswirtschaft des Kontinents überholt. Gleichzeitig leben laut nigerianischem Statistikamt 61 Prozent der Nigerianer von weniger als einem Dollar am Tag.

„Für Leute ohne Ausbildung gibt es in Lagos keine Jobs", erzählt Ola, eine alleinerziehende Mutter von Anfang 30. „Wir haben die Wahl: hungern oder stehlen." Ola entschied sich für das Stehlen. Sie führt eine Bande von Treibstoffdieben an. Jeden Abend gehen sie an der Einfahrt zur Lagune in Stellung. Mehrere große Pirogen liegen im Wasser.

Ola jongliert mit zwei Handys und wartet. Die Nacht ist windstill, der Mond hinter den Wolken verschwunden. Perfekte Bedingungen. Irgendwann klingelt das Handy. Das Gespräch ist kurz, aber temperamentvoll, dann steht der Deal. 1000 Liter Diesel, zu 120 Naira je Liter, 20 Prozent unter dem Tankstellenpreis. Ola instruiert ihre Leute, sie steigen in die bereitstehenden Boote. Schnell sind sie in der Dunkelheit verschwunden.

Ola kennt die Typen, die auf Schiffen arbeiten, die Diesel, Benzin oder Kerosin nach Lagos bringen. Sie rufen an, wenn ihr Kahn einläuft. „Wir fahren ihnen entgegen, legen mit unserem Boot am Schiff an und pumpen den Diesel in die Fässer, die sich auf unserem Boot befinden", sagt Ola. Nach wenigen Minuten ist die voll beladene Piroge wieder auf dem Rückweg.

Der Job ist gefährlich, manchmal gehen die Boote in Flammen auf. „Wir stehlen am liebsten Diesel, denn Benzin entzündet sich schnell", sagt die Frau. Vor der Polizei hat sie dagegen keine Angst. Die Beamten sind alle gekauft. „Wir teilen mit ihnen, damit sie wegschauen."

In ihrem Revier an der Laguneneinfahrt kennen sich die Bandenmitglieder bestens aus, sie sind hier aufgewachsen. Ihr Dorf wurde im August 2008 von der Stadt Lagos zwangsgeräumt und eingeebnet, um dem Finanz- und Büroviertel Eko Atlantic Platz zu machen. „Wir haben weder eine Entschädigung noch Land bekommen", schimpft Ola. „Jeder musste sich selbst durchschlagen."

Die Treibstoffhändler haben längst aufgegeben, den Öldiebstahl zu verfolgen. ➢

FÜR MENSCHEN OHNE AUSBILDUNG GIBT ES IN LAGOS KEINE JOBS. SIE HABEN DIE WAHL ZWISCHEN HUNGERN ODER STEHLEN. MEHR ALS 60 PROZENT DER NIGERIANER LEBEN VON WENIGER ALS EINEM DOLLAR AM TAG

Ein Lotsenboot erreicht das Schiff, das in den Hafen einfahren will. Die Abfertigung dauert im Schnitt 55 Stunden

Der Gottesdienst in der Dorfkirche von Tarkwa Bay ist zu Ende. Für das kleine Mädchen eine Gelegenheit zu spielen

FRÜHER LEBTEN DIE MENSCHEN VOM FISCHFANG. HEUTE GIBT ES IM SCHMUTZIGEN WASSER KAUM NOCH FISCHE. EINIGE TAUCHEN AM KANALUFER NACH SAND UND VERKAUFEN IHN. EIN MÖRDERISCHER JOB

„Das ist ein Kampf gegen Mühlen", sagt der Franzose Jean Charles Baldini. „Die Polizei tut nichts, und wenn du gegen die Seeleute vorgehst, hast du bald keine Crew mehr."

Baldini lebt seit 30 Jahren in Nigeria und weiß alles über das Ölgeschäft. Im MRS-Konsortium, für das er arbeitet, werden die jährlichen Verluste durch Treibstoffdiebstahl auf zwei Prozent geschätzt. „Das ist nicht wenig", sagt Baldini. „Aber nichts verglichen mit dem Öldiebstahl im Nigerdelta." Im dortigen Fördergebiet werden täglich bis zu 150 000 Barrel gestohlen. Durch den Diebstahl seien dem Land im Jahr 2013 acht Milliarden Dollar entgangen, klagte vor zwei Jahren die damalige Finanzministerin Ngozi Okonjo-Iweala. Auch für westliche Ölkonzerne lohnt sich das Geschäft kaum noch. Giganten wie Shell und Chevron ziehen sich aus dem Delta zurück und investieren nur noch in Offshoreanlagen.

Das Benzin, der Diesel und das Kerosin, die MRS vertreibt, kommen über das eigene Hafenterminal ins Land. Denn Nigeria, Afrikas größter Erdölproduzent, besitzt nicht genug Raffinerien, um den eigenen Treibstoffbedarf zu decken. Die vier staatlichen Raffinerien haben nominell eine Kapazität von 450 000 Barrel am Tag, doch sie werden seit Jahren von Pannen geplagt und nutzen nur etwa 20 Prozent ihrer Kapazitäten.

Das Rohöl aus Nigeria wird in den USA und Europa verarbeitet, der fertige Treibstoff dann zurück nach Lagos gebracht. Der Import, etwa 60 Prozent des nigerianischen Verbrauchs, ist teuer. Die Regierung zahlte über viele Jahre Zuschüsse, die 2014 noch sechs Milliarden Dollar im Jahr betrugen. „Das war weggeworfenes Geld", sagt Baldini. „Dafür könnte man eine neue Raffinerie bauen." Erst im Herbst 2015 stellte die neue Regierung von Präsident Muhammadu Buhari die Subventionierung von Benzin ein. Dank des Rückgangs des Ölpreises musste sie den Preis an der Zapfsäule nicht erhöhen.

Vielleicht wird Nigerias Treibstoffmangel schon bald intern gelöst. Der Milliardär Aliko Dangote will bis 2018 für 14 Milliarden Dollar eine Ölraffinerie in Lekki bei Lagos bauen. Sie soll eine Kapazität von 650 000 Barrel Rohöl am Tag haben. Am Geld wird die Investition nicht scheitern. Das Vermögen von Afrikas reichstem Mann wurde 2015 vom US-Magazin „Forbes" auf 15 Milliarden Dollar geschätzt. Begonnen hat der Spross einer wohlhabenden Händlerfamilie aus Kano im Norden als bescheidener Zementimporteur. Damals dauerte es Monate, den Bau-

Ein Mann fischt am Ufer des Hafengebiets, unweit eines der vielen aufgegebenen Schiffe, die – längst ohne Betriebslizenz – hier vor Anker liegen

Lagos Island ist die Hauptinsel der nigerianischen Megalopolis und liegt im Süden der Stadtlagune

DER HAFEN APAPA LIEGT DIREKT GEGENÜBER VON LAGOS ISLAND. DIE FÄHRE SETZT IN ZEHN MINUTEN ÜBER, MIT DEM AUTO DAUERT ES MANCHMAL ZWEI STUNDEN, WEIL DIE STRASSEN VÖLLIG VERSTOPFT SIND

stoff durch den Zoll zu bekommen, aber Dangote kannte die Wege und die Leute und war schneller als die Konkurrenz. Sein Geschäft florierte.

Statt das Geld im Ausland zu parken, wie viele seiner Landsleute es tun, investierte er in Nigeria. Der Kern seines Imperiums sind drei Zementwerke, die jährlich mehr als 20 Millionen Tonnen Zement herstellen. Auf sein Betreiben hin untersagte die Regierung 2013 alle Zementimporte, um „die Produktion im Land zu stimulieren". Damit wird Dangote vor dem internationalen Wettbewerb geschützt und kann den Zementpreis diktieren. Ein 50-Kilogramm-Sack Zement kostet in Lagos 30 Prozent mehr als in Deutschland. Dennoch wird der Milliardär in Nigeria als Patriot gefeiert.

Folgt man dem Badagry Creek weiter ins Landesinnere, beginnt der Hafen von Tin Can Island. Noch vor 40 Jahren war die Insel von Mangroven bedeckt und unbewohnt. Erst 1976 beschloss die Regierung, hier einen neuen Hafen zu bauen – mit zehn Liegeplätzen und eigenem Elektrizitätswerk.

Damals, in den 1980er-Jahren, gehörte der Hafen zu den modernsten Afrikas, auf den Zufahrtsstraßen herrschte gähnende Leere. Heute ist Tin Can ein Hexenkessel. Die Lastwagen stauen sich vor den Terminals bis tief in die Stadt, die Wartezeiten liegen bei mehreren Stunden. Auf dem schmalen Streifen zwischen Straße und Kanal, der die Insel vom Festland trennt, leben Tausende Menschen in primitiven Behausungen aus Holz und Plastikplanen.

Vor vielen dieser Hütten am Kanalufer türmen sich große Haufen von graugelbem Sand. Einige Familien leben hier vom Sandverkauf. Die Männer fahren mit bauchigen Booten in die Seitenarme der Lagune und graben den Sand aus. Sie tauchen mit einem Metallkübel zum Grund, füllen ihn mit Sand voll und steigen mit ihm auf einer provisorischen Leiter an die Oberfläche. Manchmal 200-mal, manchmal 300-mal am Tag. Eine mörderische Arbeit.

„Die Lungen platzen von dem ständigen Ab und Auf", sagt Anthony, der zehn Jahre lang Sandtaucher war. „Die Gelenke schmerzen." Nun ist er Anfang dreißig und kann nicht mehr tauchen. Er schaufelt den verkauften Sand auf die Lastwagen der Kunden, die ihn auf die zahllosen Baustellen der Stadt verteilen. Der Sand ist begehrt, er hat scharfe Körner und bindet gut den Zement. Für eine Bootsladung Sand bekommen die Taucher etwa 100 Dollar.

Vier Männer arbeiten in der Regel in einem Boot, sie brauchen einen Tag, um es zu füllen. Ein Bagger der Hafenbehörde,

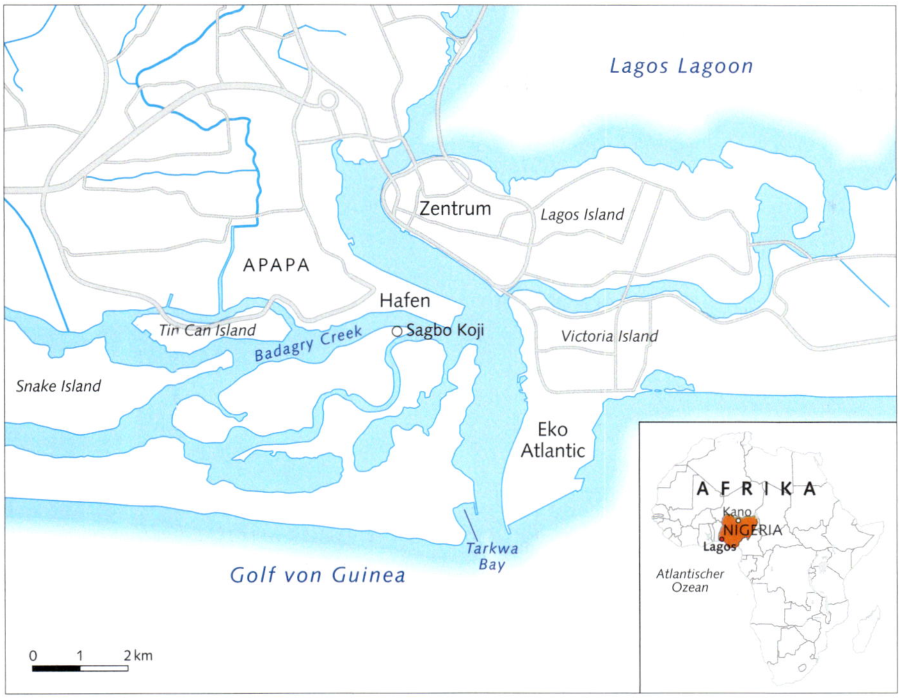

der in der Nähe das Flussbett vertieft, würde die gleiche Arbeit in ein paar Minuten schaffen. Doch in Lagos denkt niemand daran, die Sandtaucher durch Maschinen zu ersetzen. Denn das würde viele Tausend arme Familien im Hafen noch tiefer ins Elend stürzen.

Andrzej Rybak, Jahrgang 1958, freier Journalist in Hamburg, ist seit zehn Jahren immer wieder in Nigeria unterwegs. In Sagbo Koji, einem Vorort von Lagos, musste er dennoch über die archaische Lebensweise staunen. Trotz direkter Nachbarschaft zur modernen Hafen- und Finanzmetropole leben die Menschen in Sagbo Koji wie im 19. Jahrhundert.
Die französische Fotografin Bénédicte Kurzen, geboren 1980, kennt sich bestens aus mit der Situation in Lagos. Sie hat dort ihren Hauptwohnsitz. Seit Jahren sind die Konflikte und sozioökonomischen Veränderungen auf dem afrikanischen Kontinent Mittelpunkt ihrer Arbeit. Kurzen ist Mitglied der Fotoagentur Noor.

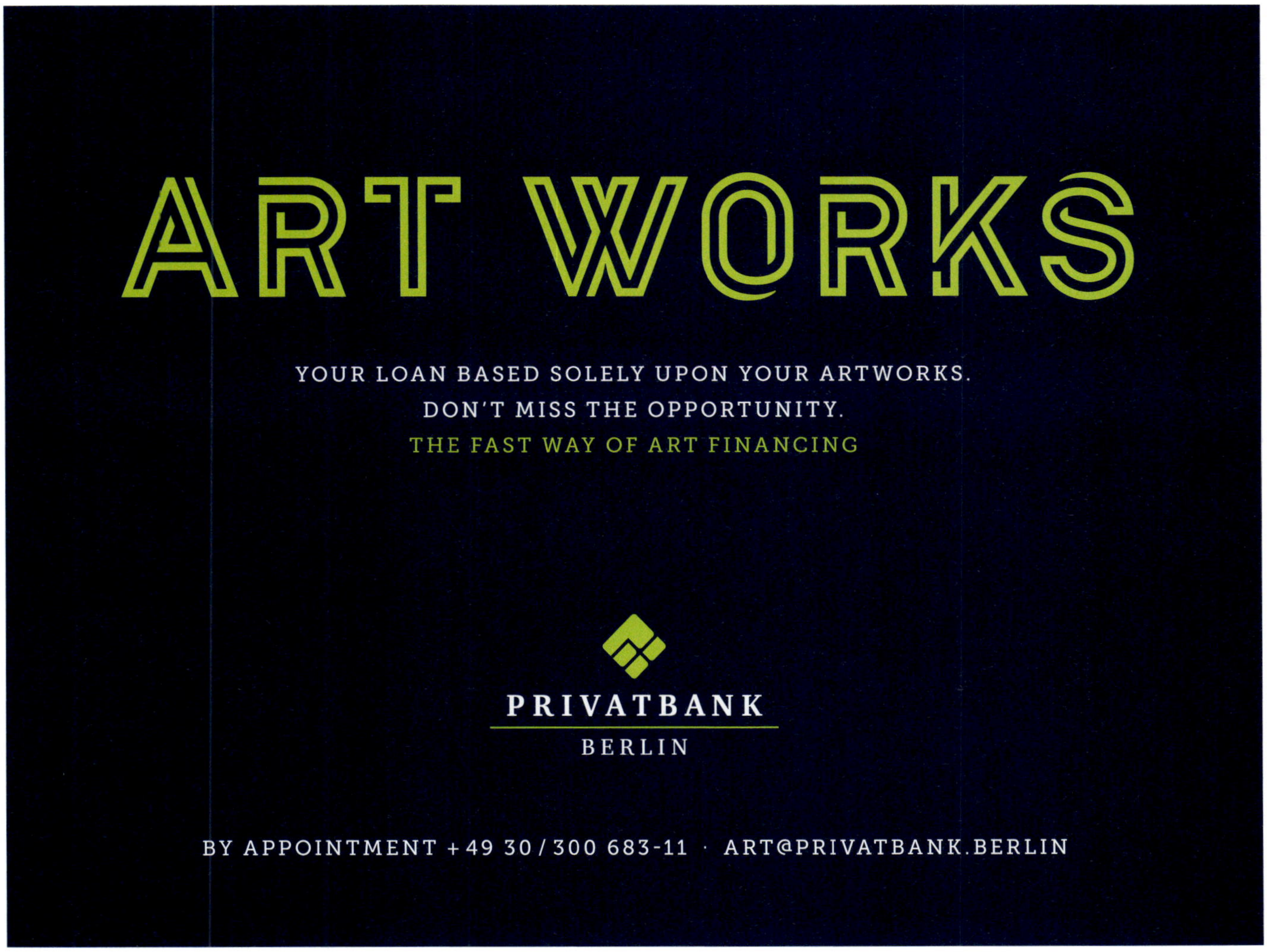

Licht und Schatten

Fundstücke aus Kunst und Literatur

Der spanische Maler Joaquín Sorolla (1863–1923) war zeitgenössischen Denkern in seinem Naturalismus zu wenig tiefgründig. Der Künstler selbst suchte mit Leidenschaft die Welt, die ihn umgab, so wahrhaftig wie möglich auf die Leinwand zu bannen. In Valencia geboren, schuf er Bilder, die das mediterrane Strahlen so virtuos einfangen, dass er heute als Meister des Lichts gefeiert wird. Die wortgewaltige Erzählung seines eigenen Lebens, das tief in der amerikanischen Provinz begann, machten den amerikanischen Autor Thomas Wolfe (1900–1938) seinerzeit zum beachteten Literaten. Nach seinem frühen Tod waren seine wenigen Werke, die mit Überschwang emotionale Höhen und Tiefen auskosteten, lange Zeit vergessen. Der ostdeutsche Schriftsteller Wolfgang Hilbig (1941–2007) misstraute jeder Art von Ruhm. In der DDR hat er als Heizer geschuftet, in Gesamtdeutschland wurde er für seine sprachgenaue Verarbeitung des Arbeiterlebens vielfach geehrt und hat als Lyriker feinsinnige Worte gefunden. *mw*

Joaquín Sorolla y Bastida
„Mar“, 1905,
Öl auf Leinwand, 19 mal 24 Zentimeter, Museo Sorolla, Madrid

Thomas Wolfe Aus: Von Zeit und Fluss

Die Welt Homers war die Welt des Tagesanbruchs, des Sonnenlichts und des Morgens: Das Meer war weinrot, ein goldenes und saphirblaues, klares Licht fiel auf die Mauern Trojas, ein unergründlich klares, reines Licht strahlte aus den Augen Helenas, die so falsch, fatal und unschuldig verdorben war wie nur je eine Frau, die Unheil über die Erde gebracht hat. Das Licht, das auf Nausikaa und ihren Gefährtinnen lag, war golden und kristallklar wie der Bach, in dem sie badeten, glitzerte so rein wie ihre Gliedmaßen und strahlte freudig wie ein irdischer Morgen, und selbst die Rachefackeln und das Wüten der fürchterlichen Furien, die sich auf den verdammten und gehetzten Orest stürzten, waren so schicksalhaft wie Blut, so unerbittlich wie eine antike Tragödie und so eintönig wie das Fatum.

Auch in seinen Tableaus einer späteren Zeit: des Athens der Chroniken, von Perikles und Plato und der Kriege mit Sparta, waren die historischen Ereignisse in diese strahlende Aura der Vollkommenheit getaucht. Er wusste, auch sie waren Menschen aus Fleisch und Blut gewesen, den Irrtümern und Unzulänglichkeiten der Sterblichen unterworfen, doch wenn er an ein Elendsviertel in Athen, an Menschen mit schadhaften Zähnen, unreiner Haut und schmutzstarrenden Gesichtern denken wollte – an Krankheit, Dreck und Verwahrlosung unter ihnen und an die unzähligen Momente voll Müdigkeit, Erschöpfung, Staub und Schweiß in ihrem Leben, wollte es ihm nicht gelingen. Selbst menschlicher Kummer, Schmerz und Bedrängnis nahmen den Anschein klassischer Vollkommenheit, tragischer Größe an, und das verworrene und jämmerliche Knäuel des Menschenlebens, samt allem, was daran hässlich, banal und widerlich ist, erschien als vernünftiger Plan und vorbestimmtes Schicksal.

Das Licht, das darauf lag, war golden und saphirblau und jubelnd oder so unheilvoll und düster wie die sichere und unabwendbare Verdammnis; nun aber schritt er über diesen Strand in einer Zeit des klassischen Altertums, und nichts war so, wie er es sich vorgestellt hatte, und doch war alles so vertraut, als hätte er es schon immer gekannt.

Weder Gold noch Saphirblau lag in der Luft: Sie war warm und schwül, voll ominöser, verstörender, unberechenbarer und frohlockender Drohungen, voll hitziger Vorahnungen eines Sturms, geheimnisschwanger und rätselhaft, Hunderten verstörenden Aspekten und Stimmungen einer Menschenseele unterworfen und parfümiert mit Tausenden warmen und sämigen Gerüchen zu Lande und zu Wasser, die das Innerste des Menschen mit Entzücken und prophetischer Weissagung berühren.

Und auch das Meer war weder poetisch gold-blau noch weinrot in harmonischer Vollkommenheit: Das Meer war so dunkel und schwül wie der Himmel, der sich über ihm wölbte; schummrig grün, dick und milchig lief es ruhig auf und brach sich am Strand; es war so unfassbar prophetisch wie die Erde und die Luft.

Er wusste nicht, warum er da war, und doch wusste er ganz bestimmt, dass er nicht ohne Grund gekommen war, dass jemand ihn dort erwartete und dass diese wundersame Begegnung ihm die schönste Freude und den größten Triumph verhieß, den er je erlebt hatte.

Aus dem Amerikanischen von Irma Wehrli

Wolfgang Hilbig die sommersee

bei mildem wind
flammt schöner die see im mittagslicht –

denn es ist des lichtes sinn die worte
zum singen zu bringen innerhalb
bedeutungsschwerer legenden im stein
es ist nicht wahrheit zu scheiden
aus den rätseln es fängt aber
das rätsel selber zu singen an
wenn mittag die küste überstrahlt
und die steine schwämmen wie kork herauf
wenn der versunknen städte stiller könig
die kunde verbreiten ließe vom mittag
über den meeren – ach vineta
dir flockt das grün vom schutt deiner tore
wann gelingt uns jenes lied vom licht
das dich weckt aus dem einverständnis deiner tiefe

bei stillem wind
glitzert die see und singt
mit dem glas ertrunkener spiegel –

Der Ausflug, der kein Ende nahm

Über Jahrzehnte wurden britische Heimkinder zwangsweise nach Australien verschifft. Als formbarer Nachwuchs sollten sie die weiße Bevölkerung stärken

Von Martina Hinz

Reise ohne Wiederkehr

Auf der „Duchess of Richmond" begann Peter Bennetts Überfahrt nach Australien. Links seine Reisegruppe bei der Ankunft in Sydney 1940, rechts Bennett auf der Fairbridge Farm, wo er harte Arbeiten verrichten musste

DIE SONNE SCHEINT DEN GANzen Tag, ihr werdet auf Pferden zur Schule reiten, und Kängurus begleiten euch." Das hat man den Kleinen damals erzählt, um sie aus den überfüllten Kinderheimen Großbritanniens auf Ozeandampfer nach Australien zu locken. Schiffsladungen voller Jungen und Mädchen, ohne Mütter, ohne Väter, die Jüngsten gerade drei Jahre alt. Neu ausstaffiert, vom Markenstrumpf bis zum Feinrippunterhemd, trotteten sie an Bord. Allein zwischen 1900 und 1970 wurden etwa 30 000 verschickt. Vor allem nach der Depression der 1930er-Jahre brauchte man in Australien Arbeitskräfte, und Kinder waren pflegeleicht. Rund 7000 ehemalige britische Kindermigranten leben heute noch in Down Under.

Peter Bennett, 82, ist einer von ihnen, ein Zeitzeuge der letzten großen Auswanderungswelle im Rahmen der „Child Migration Schemes". Der pensionierte Farmarbeiter lebt mit seiner Familie in Sydney, der Stadt seiner Ankunft. Er arbeitet ehrenamtlich im Australien National Maritime Museum in Darling Harbour. Seit 2006 erinnert hinter dem Museum eine Skulptur aus Kinderfiguren mit Koffern an Bennetts Schicksal und das seiner abertausend Leidensgenossen.

„Viele Kinder glaubten, sie würden für zwei Wochen in die Ferien geschickt, und Australien sei um die Ecke", erzählt er leise bei unserem Treffen am Denkmal. „Die Stimmung auf den Schiffen war ja auch zuerst ganz ausgelassen." Bennetts Blick gleitet hinüber zu den Ausflugsdampfern, die durch die Bucht schippern. Dann zeigt er auf ein gut 100 Meter langes Monument direkt am Wasser, „The Welcome Wall", auf der listenweise Namen von Einwanderern eingraviert sind, und sagt: „Für 150 Australische Dollar können auch Kindermigranten ihre Namen verewigen lassen – ein teurer Spaß für Menschen, die zwangsweise verschifft wurden und oft nicht einmal ihre richtigen Namen kennen." Peter Bennetts Name steht nicht auf der Bronzetafel. Er hält lieber Vorträge, bei denen er seine furchtbare Geschichte erzählt. Peters Mutter hatte ihren ersten Mann für seinen Vater verlassen. Aber das neue Glück hielt nicht lange. Peter und seine Schwester wurden in ein Kinderheim nach Birmingham gegeben und sofort für die Verschickung in die Kolonien gelistet. Beide kamen zum Glück auf demselben Schiff in dieselbe Gegend; das war nicht bei allen Geschwistern so.

Einen hübschen Koffer drückten die Helfer den Kindermigranten bei der Abfahrt in die Hand, gefüllt mit neuer Kleidung, die sie nach der Ankunft meist sofort wieder abzugeben hatten – für die nächste Schiffsladung voller Kinder aus Europa. Die kleinen Einwanderer sollten in Australien zeigen, wie gut ihr Mutterland Großbritannien für sie sorgt, mit glänzenden Lederschuhen, weißen Hemdkrägen, Kleidchen und Hüten posierten sie für die Presse. Die Zeitungsberichte dieser Jahre klangen vielversprechend: „Boys will start a new life in ‚Down Under'." „Es ging aber nicht um ein besseres Leben", so Peter Bennett, „der Bestand an gutem, weißem Nachwuchs sollte in Australien aufgestockt werden."

Bennett zeigt Fotos von der Fairbridge Farm School in Molong, New South Wales, die er zehn Jahre besucht hat. „Ich war bei der Ankunft sechs Jahre alt und sehr verängstigt. Nachts habe ich ins Bett gemacht; jeden Morgen musste ich die feuchten Decken vor aller Augen aufhängen. Das war demütigend." Er erzählt, wie er stundenlang Kaninchen schlachten musste, um Geld zu verdienen. Wie er in der Molkerei schuftete und immer wieder aufs Ohr geschlagen wurde, wenn ihm etwas nicht gelang. „Davon ist mein Trommelfell zerstört. Ich habe heute noch Schmerzen und höre schlecht. Aber das Schlimmste für unsere Zukunft war, dass wir die Farm School ohne Abschluss verlassen mussten." Viele blieben Analphabeten.

„Sie haben das Paradies versprochen, aber für die meisten von uns wurde Australien zur Hölle." Tränen schießen Bennett in die Augen, der große alte Mann weint. Es scheint, als könne er auch nach all der Zeit nicht fassen, was ihm passiert ist. „Viele von uns haben Jahrzehnte gebraucht, um herauszufinden, warum sie überhaupt auf den Schiffen gelandet sind. Ich selbst konnte erst vor wenigen Jahren mithilfe einer außergewöhnlichen Frau etwas über meine Familie erfahren und bin dann sofort nach England geflogen."

Die Frau heißt Margaret Humphreys. Sie hat die Grausamkeiten der britischen Kinderverschickung ans Licht gebracht. Alles begann Ende 1986 mit einem Brief. Humphreys, Sozialarbeiterin aus Nottingham, half damals Menschen, die als Kinder zur Adoption freigegeben worden waren und Angehörige suchten. Eine Frau schrieb ihr aus Adelaide, South Australia, sie sei gebürtige Engländerin und Vollwaise, die ersten Jahre ihres Lebens habe sie in einem Kinderheim in Nottingham gelebt. Mit vier Jahren habe man sie mit anderen Kindern nach Australien geschickt. Mehr wisse sie über die Umstände ihrer Ausreise nicht, sie leide sehr darunter und sei seit vielen Jahren auf der Suche nach Angehörigen in Großbritannien.

Kinder, die man ohne Eltern absichtlich ans andere Ende der Welt verschifft? Das konnte Humphreys zuerst nicht glauben. Wie bei allen Anfragen aber forschte sie akribisch – und entdeckte das Ungeheuerliche: Ihr Schicksal war kein Einzelfall, sie war vielmehr Teil einer präzise geplanten Massenverschickung. 1987 gründete Humphreys den Child Migrants Trust, eine Einrichtung, die sich bis heute darum bemüht, die vor Jahrzehnten auseinandergerissenen Familien zusammenzubringen. Ein Wettlauf mit der Zeit.

Viele Eltern zwangsverschickter Kinder wurden über deren Verbleib nicht oder falsch informiert. Es gibt Fälle alleinerziehender Mütter, die ihre Kleinen nur vorübergehend in die Obhut eines Heimes hatten geben wollen; als sie wiederkamen, waren die Kinder weg. Man teilte ihnen mit, sie seien leider verstorben. Oder man erzählte, eine wohlhabende britische Familie habe das Kind adoptiert.

Margaret Humphreys deckte ein System aus Lügen auf, ersonnen im Dienst eines staatlich verordneten Plans. Sie entlarvte Großbritannien als das weltweit einzige Land, das so ausdauernd über Jahrzehnte Kinder verschickt hat. Doch Wahrheit braucht Zeit. Nachdem die Fakten ans Licht gekommen waren, dauerte es noch 20 Jahre, bis sich die Regierungen beider Länder offiziell bei den „vergessenen Australiern" entschuldigten. Der damalige australische Premier Kevin Rudd konstatierte 2009 in einer Rede, dass der Verlust ihrer Kindheit eine „absolute Tragödie" sei.

Peter Bennetts tragische Reise hatte 1940 begonnen. Mit seiner drei Jahre älteren Schwester und 28 weiteren Kindern war er in Newcastle an der Ostküste Englands in See gestochen. Zuerst auf der „Duchess of Richmond", dann auf der „Oranje", dem damals schnellsten Schiff der Welt, über Tahiti, Honolulu, Auckland bis nach Australien. „Während der Überfahrt machten wir einen Stopp auf den Fidschis, wo ich zum ersten Mal Kokosnüsse, Bananen und Ananas aß", erinnert er sich. Aufregend sei das gewesen, die Kinder seien auf den luxuriösen Schiffen wie gut betuchte Passagiere bedient worden. Sie ließen sich von Kellnern heiße Schokolade kredenzen und Fleischgerichte, Dinge, von denen sie bis dahin nur träumten. Sie durften Fangen spielen zwischen den Liegestühlen und Verstecken in den Rettungsbooten. Rund zwölf Wochen dauerte die Überfahrt nach Sydney.

Aber dort wartete das Grauen – Ausbeutung, Misshandlung und Angst. Bennett leidet nicht nur unter dem, was ihm in seiner Kindheit angetan wurde, sondern auch unter der Ignoranz, die ihm noch bis vor wenigen Jahren entgegengeschlagen ist. „Es hat uns jahrzehntelang niemand geglaubt, was wir erzählt haben."

Viele ehemalige Kindermigranten kämpfen bis heute mit Albträumen. Wie Yvonne Radzevicius, geborene O'Donnell. Die 74-Jährige stammt aus Schottland und lebt seit mehr als sechs Jahrzehnten in Geraldton, einer Kleinstadt in Western Australia. „Meine letzte Erinnerung an Glasgow ist, dass wir Heimmädchen im Januar 1953 wie eine Kuhherde an Bord der ‚New Australia' getrieben wurden." O'Donnell hatte die ersten zehn Jahre ihres Lebens in einer katholischen Mädcheneinrichtung in einem Vorort von Glasgow verbracht. „Dort haben mich die Nonnen Marie genannt. Meinen richtigen Namen habe ich erst 1953 bei der Abreise nach Australien erfahren." Eine Nonne steckte ihr einen Zettel zu, auf dem ein paar spärliche Daten zu ihrer Herkunft standen.

So erfuhr die kleine Marie, dass sie in Wirklichkeit Yvonne O'Donnell heißt und im Oktober 1942 geboren wurde. „Sonst haben sie mir nichts über meine Familie verraten. Es war, als hätte ich die ersten sechs Jahre meines Lebens überhaupt nicht existiert." Eine der Nonnen erklärte ihr noch im Vorbeigehen: „Deine Eltern sind übrigens tot!" Dann wurde sie mit vielen anderen Mädchen auf die Seereise geschickt, nach Fremantle an die Küste von Western Australia und von dort in ein katholisches Mädchenheim. Es sei nicht selbstverständlich gewesen, Australien

Böse neue Heimat

Zehn Jahre besuchte Peter Bennett die Fairbridge Farm School in New South Wales. Von den vielen Schlägen, die er dort erleiden musste, hat er einen Hörschaden behalten. Ein Schulabschluss wurde ihm verwehrt

lebend zu erreichen. „Viele Kinder sind auf den Schiffspassagen schwer erkrankt und manche gestorben. Um das zu verschleiern, behaupteten die Behörden dann, sie seien adoptiert worden."

Anfang der 1950er-Jahre wehte im wenig bevölkerten Western Australia ein besonders rauer Wind. Wer als kleiner Junge dorthin kam, musste im Outback wohnen, auf Farmen schuften, Rinder hüten, Tiere schlachten. Man zwang die Kinder, ohne Sonnenschutz, barfuß und mit freiem Oberkörper Häuser aus schweren Feldsteinen in der glühenden Hitze zu bauen. Die kleinen, bleichen Briten, die gerade erst angekommen waren, erlitten schwerste Sonnenbrände. Wenn sie nicht schnell genug mauerten, zwang man sie, ihr Erbrochenes oder Fäkalien zu essen, so wird berichtet. Sie wurden mit Holzstücken blutig geschlagen, mussten an Heiligabend das „Ave Maria" singen und wurden danach in Hinterzimmern von ihren christlichen Wohltätern missbraucht.

Ein von britischen Jungenhänden gemauertes, bombastisches Gebäude mit riesigen Schlafsälen und Schulräumen kann man noch heute in Western Australia besichtigen. Es heißt Bindoon Boys Town und liegt 90 Kilometer von Perth entfernt. Was klingt wie ein Feriencamp, war in Wirklichkeit ein Arbeitslager. Zeitweise lebten Hunderte Jungen dort, viele jünger als zehn Jahre, gerade kräftig genug, um Steine zu schleppen und Beton mit den Händen zu mischen. Die Einrichtung wurde von den Christian Brothers betrieben, einem katholischen Orden, der für seinen besonders brutalen Umgang mit den Kindern bekannt war. Einer der kleinen Arbeiter soll an einen Baum gefesselt und mehrfach vergewaltigt worden sein. „Manche können auch im hohen Alter noch nicht darüber sprechen, was ihnen angetan wurde", erzählt Peter Bennett.

Yvonne O'Donnell konnte unter dem strengen Regime der Nonnen zumindest ihre Schulausbildung beenden. Danach hieß es: Vollzeit schuften in der Großküche, drei Mahlzeiten am Tag für 200 Bewohner. Die Jahre gingen dahin. Yvonne heiratete, hieß fortan Radzevicius, bekam Kinder, trennte sich. Es ging ihr wie vielen Zwangsverschleppten: Wer als Kind mit dem Gefühl leben lernt, zu niemandem zu gehören, dem fällt es schwer, Bindungen aufzubauen.

Irgendwann konnte Yvonne Radzevicius das Gefühl der Verlorenheit nicht mehr ertragen. 1979 flog sie deshalb nach Glasgow. „Dort habe ich etwas entdeckt, das mich völlig aus der Bahn geworfen hat." Bei der Suche nach Angehörigen fand sie heraus, dass sie Geschwister hat und ihre Mutter noch am Leben ist – die Nonnen hatten sie belogen. Doch einmal nur konnte die Tochter ihre Mutter noch sehen. „Zwei Wochen später musste ich sie im Leichenschauhaus identifizieren. Ich erfuhr außerdem, dass meine Patentante mich die ersten Jahre verzweifelt gesucht hatte. Vergeblich, weil ich unter einem anderen Namen gelebt hatte. Heute weiß ich: Die Nonnen wollten nicht, dass meine Familie mich findet."

Für Yvonne Radzevicius war innerhalb von 14 Tagen die Mutter von den Toten auferstanden und wieder gestorben. Sie erlitt einen Nervenzusammenbruch. Zwei Jahre war sie in psychiatrischer Behandlung, musste sich an einer alten Schwarz-Weiß-Fotografie abarbeiten. Ihre Mutter blickt darauf mit einem warmen Lächeln unter einem feschen Hut hervor, in der Hand eine Tasche, als sei sie direkt auf dem Weg zu ihrer Tochter.

Das Foto, das Ronald Smith, 60, von zu Hause zu unserem Treffen mitgebracht hat, scheint aus dem Album der britischen Königsfamilie gefallen zu sein. Prinzessin Margaret ist darauf zu sehen, umringt von Kindern. Sie sitzt auf einer Bank, neben ihr wippt ein Junge auf einem Schaukelpferd, zart hält ihn die Prinzessin am Knie fest. Die Botschaft der Inszenierung: Seht, die Krone kümmert sich um den britischen Nachwuchs. Margarets Schwester, die heutige Königin Elizabeth II., hat als 14-Jährige 1940 in ihrer ersten öffentlichen Radioansprache allen armen Kindern Großbritanniens, die ins Ausland verschickt worden waren, Mut zugesprochen. Sieben Jahre später soll sie auch einen Teil ihres Hochzeitsgelds für das britische Kinderverschickungsprogramm gespendet haben.

Der kleine Junge auf dem Holzpferd ist Ronald Smith. „Ich muss ungefähr drei

System der Lügen

1953 kam Yvonne Radzevicius im Alter von zehn Jahren mit anderen britischen Mädchen in Geraldton an. Ihren richtigen Namen hatte sie erst kurz vor der Abfahrt erfahren. Ihre Eltern, so hieß es, seien verstorben. Sie hat ihre Mutter, deren Bild sie im Arm hält, erst kurz vor deren Tod 1979 in England kennengelernt. Danach erlitt sie einen Nervenzusammenbruch und war Jahre in psychiatrischer Behandlung

Scheinheilige Unterstützer

Ronald Smith wurde als Baby von seiner Mutter weggegeben. Er hat seine gesamte Jugend in Heimen verbracht. Bei einem Besuch von Prinzessin Margaret entstand das Foto von ihm auf dem Schaukelpferd (rechts), es sollte die Fürsorge der Königsfamilie demonstrieren. Elizabeth II. soll gar einen Teil ihres Hochzeitsgelds für das Verschickungsprogramm gespendet haben. Das Gruppenbild unten wurde einen Tag vor Ronalds Abreise nach Australien gemacht

Jahre alt gewesen sein, als das Foto gemacht wurde." Smith war damals in einem Kinderheim an Englands Südküste untergebracht. Seine Mutter hatte ihn weggegeben, als er sechs Monate alt war. „Ich weiß nicht, wie das ist, eine Mutter zu haben", sagt er. „Ich hatte nie eine und wollte auch nie etwas über sie wissen." Was so sachlich klingt, ist die Folge eines schweren Kampfes um einen Platz in einer Welt, die ins Wanken gekommen ist, bevor man sie überhaupt begehen konnte.

Ronald Smith hat seine gesamte Jugend in Heimen verbracht, zuletzt im Meadows Memorial Haus in Kent. „1961, ich war gerade 16 Jahre alt geworden, kam ein Mann ins Heim und fragte, ob jemand nach Australien auswandern möchte. Es würden dringend Farmer gebraucht. Ich war sofort begeistert. Australien, das klang nach Abenteuer und Neuanfang. Ich hatte in England ja niemanden." Besonders die Aussicht auf die sechswöchige Fahrt von Tilbury nach Sydney mit der „Strathnaver" und einer Höchstgeschwindigkeit von 21 Knoten habe ihn als Teenager gereizt.

Mit 17 Jugendlichen kam er im Dezember 1961 in Sydney an. Von dort wurden die Jungen im Lastwagen auf eine Trainingsfarm nach Scone in New South Wales gefahren und zu Farmern ausgebildet. Mit 21 Jahren durfte er den Lkw-Führerschein machen und arbeitet seither als Trucker. Er ist einer der wenigen, die sagen können: „Ich bin gefragt worden, ob ich verschickt werden will. Und ich habe Ja gesagt!"

20 Jahre nach seiner Ankunft in Australien aber kam der Schock. „Mir wurde offiziell mitgeteilt, dass ich eine Schwester in London habe." Smith war ausgewandert, weil er dachte, es gebe niemanden, der zu ihm gehört. Im Rahmen einer staatlich finanzierten Familienzusammenführung flog er nach London und lernte seine kleine Schwester kennen. Seitdem besuchen sie sich regelmäßig.

Trotzdem verspürt Smith keinen Schmerz über sein verlorenes Leben in Europa, sagt er. „Meine Heimat ist Australien." Aber es zieht ihn immer wieder zu einem Koffer mit Erinnerungsstücken. Er hat ihn als Kindermigrant bekommen und durfte ihn ausnahmsweise behalten. Wenn er nach Sydney fährt, die Stadt seiner Ankunft, zieht er feierlich ein altes Leibchen aus dem Koffer. Es passt ihm noch. Es ist das Feinrippunterhemd, das er 1961 als einer der letzten Kindermigranten auf seiner Reise nach Australien trug.

Eigentlich wollte die Berliner Journalistin Martina Hinz in Australien mit Walhaien schwimmen und auf Fraser Island zelten. Eine kleine Wanderausstellung über die Verschickung britischer Kinder durchkreuzte ihre Pläne. Mithilfe der australischen Immigrationsforscherin Kim Tao fand sie drei Überlebende, die bereit waren, mare *von ihrem Schicksal zu erzählen.*

mare verschenken

Mit der diesem Heft beiliegenden Geschenkabo-Karte können Sie mare-Hefte und mare-Kalender und/oder mare-Bildbände natürlich auch praktisch verschenken.

Zusätzlich zu mare – der Zeitschrift – gibt es auch die Möglichkeit, mare-Kalender und/oder mare-Bildbände im Abonnement zu beziehen. Beide erscheinen einmal jährlich im Herbst.

Der mare-Bildband „Mittelmeer"

von Mathias Bothor.
Format: 30 mal 26 Zentimeter, ca. 144 Seiten.
Im Abonnement zahlen Sie für den Bildband nur 49 €/70 CHF statt 58 €/77,90 CHF.

Der mare-Kalender „Meeresblicke 2017"

Format: 82 mal 58 Zentimeter.
Im Abonnement zahlen Sie für den Kalender nur 40 €/60 CHF statt 49 €/69 CHF im Einzelkauf.

Kalendercover: © Eoghan Kavanagh/Gallery Stock; Bildbandcover: © Mathias Bothor; Geschenkkarte: Leo Seidel

Der galicische Jesus

Ein radikaler Aktivist, Humanist und Künstler – sein Tod, kurz nach der Katastrophe des Öltankers „Prestige", macht Manfred Gnädinger zum Symbol der Umweltbewegung in Galicien

Von Henning Zander und Nils Hofmeister

Es ist kalt an diesem Novembertag 2002 in Camelle, einem kleinen Fischerdorf an der galicischen Küste. Die Hütte von Manfred Gnädinger, ein bunt bemalter Betonkubus, steht verloren in den Felsen am Meer. Ohne Wasser, ohne Strom, ohne Heizung. Manfred Gnädinger friert.

Es ist der Morgen, an dem der Ölteppich Camelle erreicht. Der Öltanker „Prestige" war am 13. November mit 77 000 Tonnen Schweröl vor der spanischen Küste havariert. Ein Großteil der Ladung sickerte ins Meer. Nun verklebt die schwarze Masse die Küste, die Strände und die Skulpturen, die Manfred Gnädinger in jahrelanger Arbeit am Meer erbaut hat, sein „Museum". Täglich schwemmt das Meer neues Öl ans Land.

Manfred Gnädinger bleibt in seiner Hütte, obwohl das Öl giftige Dämpfe absondert. Ob ihn dies das Leben kostete, vermag heute niemand mehr zu sagen. Die Trauer über die Ölpest habe ihm das Herz gebrochen, sagen die Dorfbewohner. Am 28. Dezember 2002 wird Manfred Gnädinger im Alter von 66 Jahren tot in seiner Hütte aufgefunden. Und wird als das erste Opfer der „Prestige"-Katastrophe zum Symbol der galicischen Umweltbewegung.

Umweltschützer, Humanist, Künstler, Radikaler – schon zu Lebzeiten war Manfred Gnädinger eine schillernde Figur. Ein Eremit, der Menschen mied und gleichzeitig in spanischen Fernsehshows auftrat, um seine Positionen zu vertreten. Ein Künstler, der sich missverstanden fühlte und dessen Museum dennoch jedes Jahr Tausende Menschen anlockte. Für viele junge Galicier war er ein Idol, ein Rebell gegen jegliche gesellschaftliche Konvention. „Er stand für uns irgendwo zwischen Jesus und Ché Guevara", erinnert sich Luis Suárez Pérez, Mitglied der Umweltbewegung Adega.

Große Worte und romantische Gesten – Manfred Gnädinger wusste sich zu inszenieren bis in den Tod hinein. Er werde eher mit seiner Küste zusammen sterben, als sein Haus zu verlassen, sagte er in Interviews während seiner letzten Lebenstage. Dass dies tatsächlich so kam, machte ihn zum Märtyrer. Der Tod als letztes Zeichen des Protests. Sein Museum wurde zum Wallfahrtsort für Umweltschützer und Künstler, die hier gegen Umweltzerstörung und Profitgier demonstrierten. Nach seinem Tod sang der katalanische Sänger Joan Isaac: „Manfred, was haben sie deinem Meer angetan? Wie das Wasser sich in Tod verfärbte, wie an den Strand Wellen der Schande schlugen, wie sie alles verdarben."

Gnädinger wird 1936 in Radolfzell am Bodensee geboren und wächst mit sieben Geschwistern in gutbürgerlichen Verhältnissen auf. In der Schule gilt er als Sonderling. Mit 17 schließt er eine Lehre als Konditor ab. Es ist ein Zufall, dass es Manfred Gnädinger 1961 nach Camelle verschlägt. Für ihn endet damals eine fast einjährige Reise durch Europa. Seinen Job als Konditor im Café „Himmel" in Zürich hat er aufgegeben. Erste Ausstellungen mit Grafiken und Zeichnungen in Luzern und Basel sind wenig erfolgreich.

Der Blick die schmale Landstraße hinab zur Küste von Camelle nimmt ihn gefangen. „In dieser Natur habe ich Raum für meine Sehnsucht nach Einsamkeit gefunden", schreibt er später in einem Brief.

„Er war ein höflicher Mann und außergewöhnlich gut gekleidet", sagt Dolores Riveiro Tedín, die in Camelle einen Laden für Krimskrams betreibt. Manfred Gnädinger entspricht nicht dem Bild eines mittellosen Künstlers. Feine Stoffhosen, schicke Lederschuhe, weiße Hemden. Er könnte auch auf Geschäftsreise sein. Er wird freundlich in Camelle aufgenommen.

Und verliebt sich unglücklich. Sie ist Lehrerin und bereits einem angesehenen Mann des Dorfes versprochen, einem Kapitän. Sie weist ihn ab. Das brach ihm das Herz, sagen die Menschen in Camelle. Er zieht sich zurück, kapselt sich ab. Immer öfter bringt er von seinen langen Wanderungen Treibgut, Steine und auch riesige Knochen mit, die er zu Skulpturen verarbeitet. Für sein Museum. Die Bewohner von Camelle helfen ihm beim Bau einer Hütte. Er bemalt sie mit leuchtend bunten Kreisen; die Steine am Strand stapelt er zu eleganten Türmen, verputzt sie mit Zement zu meterhohen Kathedralen. Manchmal funkelt das Meer hindurch.

Manfred Gnädinger erfindet sich zu diesem Zeitpunkt neu. Als Künstler und lebendes Kunstwerk. Dazu gehört auch sein radikalster Schritt: Er verbrennt seine Kleider und trägt von da an nur noch einen Lendenschurz.

Nur das Allernötigste möchte Manfred Gnädinger, der von nun an nur noch Man genannt werden will, für sich behalten. Auch von anderen fordert er Mäßigung. Er protestiert gegen die Ausbeutung der Meere und macht sich damit Feinde unter den Familien des Dorfes, die meisten im Dorf leben von der Fischerei. Als er ver-

Die Haarpracht von Jesus, der Blick von Rasputin – es dauert eine Weile, bis die Einwohner von Camelle Manfred Gnädinger nicht mehr als *el loco*, als den Verrückten, sondern als Künstler wahrnehmen

hindert, dass eine Kaimauer zum Schutz des Hafens direkt durch sein Museum führt, ist das Verhältnis zu den Einwohnern von Camelle endgültig zerrüttet. Manfred Gnädinger zweifelt an seinem Paradies. Ende der 1980er-Jahre schreibt er: „Camelle heute ist wie ein Kind, das seine Mutter verloren hat, die Natur. Seine Stiefmutter ist der Fortschritt."

Das *Museo do Alemán* lockt derweil immer mehr Touristen an. Viele kommen nur, um den kauzigen Deutschen in seiner Hütte zu sehen. Andere suchen Inspiration bei diesem Menschen, der mit unerbittlicher Konsequenz seinen Lebensentwurf verwirklicht, das Gegenteil einer bürgerlichen Existenz. Jeden seiner Besucher fordert Man auf, ein Bild auf einen kleinen Notizblock zu zeichnen. Insgesamt sind so knapp 50 000 Zeichnungen zusammengekommen. Meist zeigen sie Man vor dem Meer, vor der Küste. Vor seinem Meer, sagen die Menschen von Camelle.

Sie haben sich mit ihm versöhnt nach seinem Tod. Sogar ein Denkmal haben sie ihm im vergangenen Sommer errichtet, und eine Dauerausstellung am Hafen zeigt seine Kunst und seine Geschichte. Und die der großen Katastrophe.

Henning Zander, Jahrgang 1979, lebt in Hannover und schreibt als freier Journalist für überregionale Wirtschaftsmagazine. Nils Hofmeister, Jahrgang 1978, ist freier Texter und Konzepter in Wiesbaden. Beide lieben Spanien, beide haben dort gelebt. Die Reise an die galicische Küste ist der erste gemeinsame Trip. Neben dem Gefühl, am Ende der Welt gewesen zu sein, bleibt die Gewissheit, hier die besten Calamares der Welt gegessen zu haben.

Das Ende der Homogenität

Die Suche der Bootsflüchtlinge nach Geborgenheitsräumen eröffnet Europa die Chance auf neue Formen von Gemeinschaft

Von Christian Schüle

DIE HAUPTFIGUREN UNSERER EPOCHE SIND DER Homo sacer und der Homo faber. Beide sind Menschen mit Leib und Seele, Verstand und Würde, und doch unterscheiden sie sich fundamental. Der Homo sacer hat nichts als sein nacktes Leben. Er hat nichts außer sich. Nirgends ist er zu Hause, Heimat hat er nicht. Der Entwurf seines Lebens ist physisch: die Nacktheit der entblößten Existenz. Sein Schicksal ist die *Permanenz der Bedrohung*. Er befindet sich im permanenten Ausnahmezustand, sein Leben steht permanent zur Disposition. Er befindet sich jenseits der Sphäre des Rechtes.

Der Homo faber hingegen lebt in der Sphäre des Rechtes und im Raum der Behausung. Sein Leben ist zu jeder Zeit rechtlich gesichert. Er ist der Mensch der Mathematik und Kontrolle, der Organisation und Effizienz. Der Entwurf seines Lebens ist kognitiv: die Messbarkeit, Rationalität und Künstlichkeit. Sein Schicksal ist die *Bedrohung durch Permanenz*: Er ist permanent im Aufbruch, unter Zeitnot, zu Flexibilität, Kreativität, Kalkulation, zu Innovation und Mobilität gezwungen. Der Homo faber migriert durch den Weltenraum unendlicher Möglichkeiten und muss sich ständig entscheiden, ohne zu wissen, wie und wofür. Ihm souffliert der Geist der Zeit: Du sollst einmalig sein! Grenze dich ab!

Der Flüchtling ist der Homo sacer, der Individualist der Homo faber. Die beiden Antipoden unserer Epoche aber haben etwas Wesentliches gemein: Beide haben ihren Geborgenheitsraum eingebüßt und beide ihre Selbstbestimmung verloren. Der Flüchtling auf der einen und der Individualist auf der anderen Seite sind die Kontrahenten im Kampf um Heimat und Identität in Zeiten dauernder Migration. Der eine physisch, der andere metaphysisch. In diesem Kampf stehen sich die Anarchie der Flucht und der Wahn der Überwachung vor dem illegalen Zutritt der Letzten Welt in die Erste Welt scheinbar unversöhnlich einander gegenüber. Die Welt wird beherrscht vom Widerspruch zwischen Geborgenheitssuche und Grenzverlusten, und im Flüchtenden offenbart sich das Dilemma unserer Zivilisation.

Der aus dem römischen Recht stammende Begriff *sacer* bezeichnet die Doppeldeutigkeit des Menschen als heilig und zugleich verflucht. In seiner nackten Existenz ist der Mensch als göttliches Wesen so heilig, wie er zugleich jeglicher zivilisatorischer Bindung beraubt ist. Das Leben des Flüchtlings unterliegt nicht mehr dem Schutz universeller Heiligkeit, die in der westlichen Kultur etwa als fundamentales Menschenrecht der selbstzweckhaften Würde gegenüber jeder souveränen Gewalt verstanden wird. Der Homo sacer unterwirft sich dreifach höherer Macht: dem Feind in Gestalt von Milizen oder Armeen, dem oft bewaffneten Schmuggler, schließlich der Natur des Meeres. Seine Flucht geschieht fast immer über ein Meer. Kam der Fliehende in biblischen Zeiten über das Rote Meer, im 20. Jahrhundert aus dem brennenden Europa über den Atlantik, so fliehen die Unbehausten heute übers Mittelmeer in den durch Prosperität und Rechtsschutz beglaubigten Kontinent.

Das Mare Nostrum ist nicht nur der Geburtsraum der kontinentalen Zivilisation, der Bühnenraum europäischer Mythologie und „westlicher“ Kultur; es ist, wie jedes Meer, zugleich auch ein Raum ohne explizites Recht. Das Weltrechtsprinzip trifft zwar auf Piraten, nicht aber auf den Flüchtenden zu. Auf der Flucht übers Meer ist der Körper des Homo sacer zu keiner Zeit durch das unveräußerliche Menschenrecht geschützt. Auf dem Meer ist er als Objekt der Gewalt seiner totalen Ausgeschlossenheit ausgesetzt.

In der aktuellen Geschichte Somalias, Syriens, Jemens oder des Iraks wiederholt sich der Leidens- und Fluchtmythos der Israeliten über das Meer. Geknechtete Menschen und Völker machen sich auf den Weg in gelobte Länder, deren Bewohner sie größtenteils nicht beherbergen wollen. Der Weg aus der Versklavung ins ersehnte Reich der Freiheit beschreibt das alttestamentliche Leitmotiv schlechthin: Rettung durch Flucht, Erlösung durch Hoffnung. Aber warum wählt der Flüchtling das Meer? „Unter den elementaren Realitäten, mit denen es der Mensch zu tun hat“, schrieb der Kulturphilosoph Hans Blumenberg, „ist ihm die des Meeres ... die am wenigsten geheure. Für sie sind Mächte und Götter zuständig, die sich der Sphäre bestimmbarer Gewalten am hartnäckigsten entziehen.“

Als natürliche Grenze gebiert das Meer den Mythos seiner Dämonisierung; bis in die christliche Metaphorik ist es der Erscheinungsort des Bösen. Die mittelmeerische Weltbetrachtung hat Europas Kulturgeschichte maßgeblich geprägt. Von Epikur über Lukrez und Montaigne bis Goethe und Schopenhauer hieß das: Der Schiffbrüchige war der Scheiternde, und seine Sichtbarwerdung formierte die Philosophie der Vernunft.

Nach Einschätzung der UN ist das Mittelmeer mit weit mehr als 20 000 toten Flüchtlingen seit 2000 das gefährlichste Gewässer der Welt. Die Bilder anlandender Leichen gehören zum Ikonenvorrat der Spätmoderne. Weltweit 60 Millionen Menschen sind derzeit auf der Flucht, sie leben auf Straßen, in Lagern, in Zeltstädten. Sie ziehen an Strände, steigen in Kähne, verschiffen sich in der Hoffnung auf Erlösung und wissen nicht – oder sehr wohl –, dass es keinen Moses, keinen Retter, keinen Erlöser gibt, der ihnen das Wasser teilt und den Heilsweg bahnt. Anders als die Israeliten vor 3000 Jahren ist Somaliern oder Syrern heute kein Gott gnädig. Gerettet werden sie durch die Gnade des

Die Flucht über das Meer nach Europa ist eine der größten Herausforderungen europäischer Politik, überhaupt einer Politik der universell gültigen Menschenrechte. Der Marsch hat vor Langem begonnen, er wird lange nicht enden.

Rechtes, sobald sie den Boden des Homo faber betreten. An seinen Zäunen, kurz vor dem Schritt ins Recht auf alle Rechte, stößt das bloße Leben des Homo sacer auf die souveräne Macht des Homo faber, der seinen Raum abschottet, abgrenzt, verteidigt. Durch ihn bricht das Irrationale in den Geborgenheitsraum ein. Es kommt zur Krise.

Die globalisierte Welt ist die größte, die denkbar ist: Sie hat per definitionem keine Grenzen mehr. Die größte denkbare Welt ist aber zugleich auch ihr eigenes Exil geworden – im Globalraum der Weltgesellschaft, durch die Waren und Ideen digital und analog migrieren, leben alle Menschen im Prinzip transterritorial. Wanderung und Flucht grundieren die neue fragile Weltordnung. Distanzen wachsen, Kontinente öffnen, Koordinaten verschieben sich. Je globalisierter die Welt gerät, desto kleiner wird sie. Der Öffnung durch Entgrenzung folgt die Verschließung der Schollen durch Abschottung. Die Nationen der Ersten Welt haben keinen Begriff des Fremden mehr. Je weniger klar ist, wer wir sind, desto weniger klar ist auch, was uns fremd ist.

Die Geschichte vom Exodus des Homo sacer lehrt den Homo faber, dass Heimat immer dann bedeutsam wird, wenn sie aufgegeben wird. Wo in jenem Weltenraum, der seine Grenzen nicht mehr kennt und seine letzten Schollen umzäunt und ummauert, sind die neuen Behausungen des bald milliardenfachen Homo sacer zu suchen und zu finden?

Flucht aus der Heimat nach Europa ist eine der größten Herausforderungen europäischer Politik, überhaupt einer Politik der universell gültigen Menschenrechte. Der Marsch hat vor Langem begonnen, er wird lange nicht enden, und der millionenfache Aufbruch der Klimaflüchtlinge über alle Meere steht noch bevor. Der Homo sacer des globalen Raumes ist auf der Suche nach einer schützenden Haus-, Hof- und Wirtschaftsgemeinschaft, einem Rechtsraum – einer *Heimat*. Diese ist immer auch politische Philosophie: die der Identität und ihrer Konstruktion. Gibt es „die Nation" überhaupt noch? Was soll der Nation in Zeiten der Grenzverluste zugrunde liegen: die Einheit derer, die auf einer umgrenzten Scholle geboren wurden? Die Gemeinschaft eines homogenen Genpools? Die Rechtsordnung loyaler Bürger? Ließe sich aber nicht auch eine ganz andere Definition von Heimat und Gemeinschaft finden? Von dem kürzlich verstorbenen irischen Historiker Benedict Anderson stammt die denkwürdige Überlegung, Nation sei eine „vorgestellte Gemeinschaft", eine konstruierte Annahme. Wenn dem so wäre, dann ließe sie sich auch anders als bisher vorstellen.

Im Zeitalter der Grenzverluste und der digitalen Weltrevolution, so scheint es immer mehr, gibt es jenen Typ von Fremdheit, gegen den das Eigene konstruierbar ist, nicht mehr. Ja, es scheint, als sei die Konstruktion von kollektiven Identitäten zur Wahrnehmung des Eigenen insofern fragil und unglaubhaft geworden, als die Bilder, Informationen und Kapital frei und unbegrenzt flottieren. Gehören wir und der uns begegnende Fremde nicht demselben raum- und zeitlosen digitalisierten Kommunikationszusammenhang an?

Der künftige Mensch wird sich anders orientieren. Er wird Herkunft durch Zukunft ersetzen, Haus und Würde zusammendenken müssen: Bloßheit und Behausung, Nacktheit und Rechtskleid auf einer höheren Ebene. Auf Dauer ist der Kampf des Homo faber gegen den Homo sacer nicht zu gewinnen, weil Ersterer sukzessive ausstirbt und der Zweite die Frage nach dem Besitz von Heimat nicht länger der Mathematik überlässt. Die kulturelle Evolution steht vor ihrem nächsten Sprung: über die Nation hinweg in das, was Gemeinschaft schafft.

Wenn die globalisierte Welt ein Raum für nebeneinander existierende Lebensentwürfe sein soll und wenn das Wesen Europas in der Synthese diverser Kulturen, Musiken, Moden, Küchen, Literaturen und Menschen über einen langen Zeitraum hinweg begriffen wird, dann wäre doch eine neue Identität als Oikos im grenzlosen Transitraum vorstellbar. Der Oikos im antiken griechischen Sinn begreift Heimat als zugleich metaphysisches, rechtliches, soziales wie politisches Obdach in einer regionalen Gemeinschaft. Statt begrenzten Nationen wäre künftig ein konföderierter Bund an Oikos-Kooperativen möglich, in denen das Heterogene zu neuen Organisationsweisen führen könnte. Herkunft definierte sich dann als Zugehörigkeit zu einer neuen Hausgemeinschaft, in der sich der übers Meer Geflohene und der kontinentale Revierschützer, der Homo sacer und Homo faber, verbünden und eine neue Identität festschreiben.

Europäisch wäre künftig also nicht die Rettung völkischer Homogenität durch homogene Völker, sondern die Auflösung der Grenze als Grenze der Homogenität. Es könnte ein Schritt zu einer – zugegeben: schwärmerischen – Utopie eines grenzfreien, durch Meere verbundenen Weltbürgerstaats werden.

Christian Schüle, Jahrgang 1970, studierte Philosophie, Soziologie und Politikwissenschaft und ist literarischer Autor und Essayist. Er veröffentlichte mehrere Bücher, darunter den Roman „Das Ende unserer Tage", zuletzt den Essay „Was ist Gerechtigkeit heute?". Seit 2015 lehrt er Kulturwissenschaft an der Berliner Universität der Künste.

EIN MANN LÄSST LOS

Er war ein Mann der Rekorde. Robert Peroni bestieg Berge, durchquerte Wüsten und war immer auf den nächsten Nervenkitzel aus. Doch dann kam er nach Grönland und spürte, was er verlöre, wenn er weitermachen würde wie bisher

Text: Peter Haffner Fotos: Barbara Dombrowski

Tasiilaq heißt so viel wie „ruhiger See“. Der Ort ist nach dem stillen Fjord benannt, an dem er liegt. Hier fand Robert Peroni seinen Frieden

Oben **Angekettete Schlittenhunde in Tinitequilaaq, einer Siedlung in Ostgrönland.**
Rechte Seite **Robert Peroni in seinem „Roten Haus", ein Treffpunkt für alle, die Trost brauchen und Rat suchen**

GROSS UND HAGER, MIT LANGEN BEINEN UND einem scharf geschnittenen Gesicht, sieht er aus wie aus Hartholz geschnitzt. Unter buschigen Brauen leuchten die Augen, die Haut braun gebrannt, von Wind und Wetter gegerbt. Robert Peroni, der Abenteurer, hat sich von jung auf mehr zugemutet, als man für menschenmöglich hält.

Der Mann, der einige Berge als Erster bestieg, alleine die Naomidwüste in Afghanistan erkundete und die erste Expedition leitete, die das Grönlandeis an seiner breitesten Stelle durchquerte, prahlt nicht mit seinen Rekorden. „Wer den Ehrgeiz hat, alle Achttausender zu besteigen, sollte vor dem letzten aufhören", sagt er bei einem Gespräch in einem Café am Münchner Stachus, wo er sich so heimisch fühlt wie ein Fisch auf dem Trockenen.

Es ist 30 Jahre her, als er spürte, was er verliert, wenn er weitermachen würde wie bisher. Er hatte ein aufregendes Leben und verdiente gut dank Sponsoren, die jedes Unternehmen finanzierten, mit dem auch sie auftrumpfen konnten. Er war süchtig nach den Gefahrenmomenten, dem Nervenkitzel, wenn er einen Fehltritt machen oder ausrutschen würde, wäre alles vorbei. Und er liebte das Gefühl der eigenen Kraft und Geschicklichkeit, der er immer wieder das Überleben verdankte.

Er ging auf die 40 zu, als man ihn drängte, seine Idee einer Expedition durchs grönländische Inlandeis zu verwirklichen, Hunderte von Kilometern Fußmarsch, ohne Schlittenhunde, Versorgungsdepots, technische Hilfsmittel und Funkkontakt zur Außenwelt. Er würde Neuland betreten, Materialien testen und den bisherigen Rekord brechen, so lockte man ihn. Doch Peroni, der noch nie in Grönland gewesen war, winkte ab. „Ich wollte nicht mehr mitmachen in diesem Wettlauf, noch spektakulärer, noch extremer, noch effektvoller für die Werbung", sagt er. „Ich kam mir vor wie eine dressierte Maus."

Die Sponsoren ließen nicht locker, und als sie sagten, der bisherige Rekord sei eigentlich nicht zu brechen, war sein Ehrgeiz geweckt. Zusammen mit Pepi Schrott und Wolfgang Thomaseth, Südtiroler wie er, startete Peroni im Mai 1983 vom Smalle Fjord im Nordosten zum 88-tägigen Marsch an die Westküste, die Melvillebucht bei Nuussuaq. Statt der vorgegebenen 800 bis 900 Kilometer sind es 1400, eine Tortur, die Peroni in seinem Buch „Der weiße Horizont" beschreibt. Zuvor hatten die drei einen Vertrag abgeschlossen, auf Beistand zu verzichten, falls einer von ihnen erkranken oder sich schwer verletzen würde. Jeder hatte sich vorsorglich den Blinddarm entfernen lassen, zum Amputieren erfrorener Finger oder Zehen kam Operationsbesteck ins Gepäck. Die Stille, die Strapazen, die Schneewüste mit ihrem Horizont, der nie näher kam – es war genau das, was Abenteurer suchen, ein „Fest der Leiden", wie jemand das einmal nannte. Kein Laut zu hören, kein Lebewesen zu sehen. Thomaseth wollte sterben und musste zum Weitergehen gezwungen werden, Peroni selbst hatte Halluzinationen, wähnte sich verfolgt, hörte Autohupen und glaubte, ein Porsche sei hinter ihnen her.

Endlich am Ziel, die Haut an den Füßen in Fetzen, Erfrierungen an Fingerkuppen und Nasenspitzen, stopften sie sich mit

Der Sermilik-Fjord ist eine der schönsten Meereseinbuchtungen Ostgrönlands, bekannt für seine Eisbergallee

Keksen voll und erbrachen alles wieder. Peroni hatte den Rekord der Rekorde gebrochen und endgültig genug. Eben in diesem Grönland, wo er so gelitten hatte, in dieser weißen Wüste von erhabener Schönheit, wo man oft nichts als den Schnee fallen hört, wollte er ein neues Leben beginnen. Nun mehr als 70 Jahre alt, lebt er seither mit den Inuit und will nicht wieder weg. „Ich war immer ein rastloser Mensch, konnte Stillstand nicht ertragen. Tasiilaq, wo ich jetzt zu Hause bin, hat mich zur Ruhe gebracht."

Der Ort, mit 2000 Einwohnern die größte Siedlung der Ostküste, liegt auf einer Insel in einem engen Fjord. Es gibt kein Kino, keinen Friseur, kein Restaurant, und die Waren, die fünf dänische Containerschiffe im Sommer bringen, müssen für drei Viertel des Jahres reichen. Grönland, die größte Insel der Erde, ist vielleicht Peronis kühnstes Abenteuer: nicht nur zu überleben, sondern sein Leben zu verbringen als Fremder in einem Land von Nomaden, das sechsmal die Fläche von Deutschland misst, lediglich 58 000 Einwohner zählt und fast ganz mit Eis bedeckt ist.

Es ist eine andere Welt, unvertraut leer und voller Geheimnisse. In seinem Buch „Kälte, Wind und Freiheit" schreibt Peroni, was er alles an Seltsamem erlebt hat. Wie damals, als er in Europa im Krankenhaus im Sterben lag und unversehens ein Anruf aus Tasiilaq kam. Ein Inuit war am Apparat und sagte seiner am Bett wachenden Lebensgefährtin, sie wüssten, dass er im Sterben liege. Auf ihre Frage, woher, sagte er, als verstehe sich das von selbst: „Weil sein Hund heult wie ein Mensch."

Wenn der Leithund eines Jägers das tut, glauben die Inuit, muss er getötet werden, damit sein Herr gerettet wird. Der Inuit fragte um Erlaubnis, dies zu tun, und Peronis Freundin gab sie ihm. „Zwei Tage später erwachte ich aus dem Koma", sagt Peroni.

Mit einer Schamanin der Inuit war er eng befreundet. Gudrun habe immer gewusst, wo er sich aufhalte und wie es ihm gehe, sagt er, ob er nun in Grönland gewesen sei oder in Europa. Im Ort, wo sie aufwuchs, wird erzählt, sei einmal ein hungriger Eisbär aufgetaucht, als die Männer auf der Jagd und keine Waffen da waren, mit denen die Frauen das Tier hätten vertreiben können. Da sei die sechsjährige Gudrun zum Entsetzen der Mutter aus dem Haus gelaufen, auf den Eisbären zugegangen, habe ihn gestreichelt und ihm ins Ohr geflüstert, er müsse zurück, von wo er hergekommen sei. Der Eisbär habe sich umgedreht, sei ins Meer gesprungen und verschwunden.

Peroni weiß, dass solche Geschichten im aufgeklärten Westen mit mildem Lächeln quittiert werden. Selbst ein Rationalist, hat er sich über Warnungen seiner Inuitfreunde hinweggesetzt, von „bösen Geistern" beherrschte Orte zu betreten. Doch er hat auch von ihnen gelernt, etwas zur Kenntnis zu nehmen, ohne es zu werten. „Ich habe aufgehört, mich zu fragen, was wahr oder unwahr ist", sagt er. „Ich will zuhören, ohne dabei zu denken."

Es hat ihn berührt, wie vorurteilslos dieses Volk ist, das die normannischen Eroberer, die christlichen Missionare und die modernen Dänen unterdrückt, gedemütigt und mit Gewalt auf den eigenen, den rechten Weg zu bringen versucht haben. Die Inuit haben ihn nicht als einen weiteren Vertreter dieser selbstherrlichen Weißen betrachtet, sondern als Individuum, das man

Unten **Eine Grönländerin in Tasiilaq in einer traditionellen Jacke aus Seehundfell.**
Rechte Seite **Schlittenhunde unterhalb des „Roten Hauses" mit Blick auf den König-Oscar-Fjord**

kennenlernen will. In einer der lebensfeindlichsten Gegenden der Erde sind sie eine Notgemeinschaft, deren Stärke auch darauf beruht, dem Einzelnen seine Freiheit zu lassen. „Man war und ist zu sehr damit beschäftigt zu überleben, um einander böse sein zu können oder den Nachbarn zu hassen", sagt Peroni.

Er hat sich gefragt, woher die Jäger wissen, wo genau sie im Winter ein Loch ins Eis schlagen müssen, um eine Robbe zu finden. Er hat keine Antwort bekommen, hat es selbst versucht und ist gescheitert. „Man muss nicht immer alles begreifen", sagt er. „Solche Fähigkeiten haben es den Inuit ermöglicht, zu leben in einer Umgebung, in der ich es keine Woche schaffen würde." Ihn beeindruckt ihre Sanftheit, die Begrüßung, wo man Nase an Nase legt und aneinander riecht, „um die Seele zu spüren". Niemand im Dorf schließt die Türe ab, unaufgefordert betritt man ein Haus, macht sich in der Küche einen Kaffee und wartet, bis die Bewohner aufstehen und einem Gesellschaft leisten. „In ihrer jahrtausendealten Geschichte haben die Inuit nie Krieg geführt", sagt Peroni. „Wer ist nun primitiv, wir oder sie?"

Vielleicht ist es auch das, was Peroni anzieht an ihnen – die Chance, Frieden zu machen mit sich selbst. Er hat nichts von der forschen Abgeklärtheit und Überlegenheit jener, die gefunden haben, was sie suchten. Erkannt hat er allein, so macht es den Eindruck, wo es sich zu suchen lohnt.

Als er den Inuit erstmals begegnete, wusste er nicht mehr, wohin mit sich. Er war in einer Krise, wie die Inuit auch. Während er nicht mehr weiterleben wollte wie bisher, wurden sie gezwungen, ihr bisheriges Leben als Jäger und Nomaden aufzugeben. Dänemark wollte sie zivilisieren, zur Schule schicken, in Häuser aus Beton umsiedeln. Der WWF und Greenpeace starteten die Kampagne gegen das Robbenschlachten, und für die Inuit, die zum Eigenbedarf jagen und nicht Robbenbabys das Fell bei lebendigem Leib abziehen, wurde das Verbot erst aufgehoben, als es zu spät war. Ein Jäger, der nicht jagen darf, verliert alles, den Lebensunterhalt, die Selbstachtung, den Status als Versorger seiner Familie. Es gab nichts mehr zu tun, dafür gab es Sozialhilfe und Alkohol. Viele nahmen sich das Leben.

Vor allem die jungen Männer waren verzweifelt. Peroni redete mit ihnen, und bald wurde sein Haus zum Treffpunkt all jener, die Trost brauchten und Rat suchten. Der einstige Bergsteiger, der nur nach dem Gipfel gestrebt und sich nicht hatte vorstellen können, etwas für andere zu tun, sah sich vor die Entscheidung gestellt: entweder für immer in Grönland bleiben oder nie mehr dorthin zurückkehren. „Mir wurde klar, dass ich helfen konnte", sagt er. „Und da wusste ich, wo mein Platz war."

Bereit, Verantwortung zu übernehmen, hatte er zugleich Angst davor. Er hat eine Tochter in Italien und ist geschieden von seiner Frau, die es nicht mehr ertrug, sich immer um ihn ängstigen zu müssen, seit sie aufgrund einer Verwechslung die Nachricht bekam, er sei bei der Grönlandexpedition umgekommen. Für eine Familie war der Abenteurer nicht gemacht.

In Peronis „Rotem Haus" entstanden die ersten Projekte zur Selbsthilfe. Nun gibt es acht Häuser mit 70 Mitarbeitern, alles Einheimische, ein Hotel und Angebote von Exkursionen, Skitou-

Tiniteqilaaq, vom traditionellen Begräbnishügel aus betrachtet. In der Ferne der Gletscher, der zu überqueren ist, wenn man von Tasiilaq aus mit dem Hundeschlitten kommt

ren und Bootsausflügen für Touristen. Ziel ist auch, die Kultur der Inuit nicht nur Besuchern, sondern auch den Einheimischen selbst nahezubringen. Da es keine schriftliche Überlieferung gibt, droht die Erinnerung an die Geschichte verloren zu gehen. Doch als Peroni Touristen in ein nachgebautes Erdhaus führte, um anschaulich zu machen, wie man früher lebte, beschwerten sich die Inuit plötzlich. „Du brauchst ihnen nicht zu zeigen, wie primitiv wir waren", bekam er zu hören. „Identität ist die große Frage für sie", sagt Peroni. „Sie schämen sich ihrer Wurzeln."

Mehr Erfolg hatte er mit einer Ausstellung von alten Pelzstiefeln. Sie sind mit Robbensehnen genäht, mit Nadeln aus Knochensplittern. „Da ist manche Frau gekommen, hat auf ein Paar gezeigt und freudig gesagt: ‚Die hat meine Großmutter gemacht!'" Doch ein „Zurück zur Natur" gibt es nicht. Ein Volk von Jägern, das nie Vorräte angelegt hat und keinen Sinn im Sparen sah, hat es schwer im heutigen Grönland, wo das meiste Geld im Tourismus gemacht wird. Wenn die Saison vorbei sei, kämen viele zu ihm und klagten, sie hätten all ihr im Sommer verdientes Geld ausgegeben, sagt Peroni. „Sie sind es nicht gewohnt, vorauszudenken." Manchmal redet er von den Inuit wie von großen Kindern. Er respektiert ihr Anderssein, tut es nicht ab als „Unterentwicklung" und weiß doch, dass sich vieles ändern muss. Er will kein Guru sein, kein neunmalkluger Weißer. „Aber die Leute glauben mir zu viel", sagt er, „und das ist manchmal schwierig."

Er erzählt von einem Freund, den er einmal zum Essen eingeladen hat. Er wollte kommen, auf sechs Uhr abends, und rief dann an, ob er seine Freunde mitbringen könne. Kein Problem, sagte

Peroni, kochte Pasta für ein Dutzend Gäste und wartete vergeblich auf sie. Anderntags fragte er den Freund, warum sie nicht gekommen seien. Der druckste herum, bis Peroni sagte: „Du hattest keine Lust mehr, nicht wahr?" So war es, und vielleicht gehört es mit dazu, fremd bleiben zu können, weshalb Peroni nicht mehr weg will. „Ich weiß, dass ich nie ein Grönländer werde", sagt er.

Einmal im Winter, als der Piteraq durchs Dorf fegte, ein kalter, 200 Kilometer in der Stunde schneller Fallwind, das Thermometer auf unter 30 Grad minus fiel und sein Auto kaputt war, musste er zu Fuß zum „Roten Haus". Es waren nur wenige Meter, er kam kaum voran, versank im Neuschnee, fein wie Treibsand, bis zum Hals. Er versuchte, sich mit den Armen freizurudern, vor dem Ersticken zu retten, wurde von Nachbarn beobachtet. Keiner kam zu Hilfe. „Sie wissen, dass ich krank bin", sagt er. „Sie wollten, dass ich es aus eigener Kraft schaffe."

So lange schon mit den Inuit lebend, weiß er, dass dies kein Mangel an Mitgefühl ist. So gehen sie mit ihren Kindern um; geholfen wird erst, wenn es nötig ist. „Hätten sie gesehen, dass ich sterben will, hätten sie mich sterben lassen", sagt Peroni. „Und hätten sie gesehen, dass ich das nicht will und Hilfe brauche, hätten sie mich gerettet."

Im Leben der Inuit ist der Tod allgegenwärtig, jederzeit muss eine Familie damit rechnen, dass der Mann, der Vater, nicht mehr heimkehrt von der Jagd im ewigen Eis. Mit solchen Schicksalsschlägen ist Peroni vertraut. Er war 30, als er mit einem Freund in der Nordwestwand des Matterhorns hing und sie beide 250 Meter in die Tiefe stürzten. Der Freund war sofort tot. Es war nicht der einzige Weggefährte, den er verlor.

Keinen Besitz zu haben mache es leichter, auch sich selbst loszulassen, sagt Peroni. Auch das hat er von den Inuit gelernt. Er verhehlt nicht, dass es ihm gesundheitlich nicht gut geht. Er ist auf einem Auge blind, hat Mühe zu gehen, kann nicht mehr Skilaufen. „Ich will in Grönland sterben", sagt er, und es klingt, als nehme es dem Tod etwas von seiner Schwere.

Unlängst war er für eine Fernsehsendung in Rom. Weshalb er in Grönland bleibe, wurde er gefragt. „Per il poco", „Wegen des Wenigen", sagte er. Es sei plötzlich still geworden im Saal. „Die Moderatorin hat erst nicht verstanden, was ich meine. Und dann sind die Leute aufgestanden und haben applaudiert."

Peter Haffner, 1953 geboren, ist Reporter, Essayist und Buchautor. Er lebt in Zürich und schreibt unter anderem für die „Neue Zürcher Zeitung". Für mare *schrieb er zuletzt in No. 99 über die Hausbootbewohner von Sausalito bei San Francisco. Barbara Dombrowski, Jahrgang 1964, ist freie Fotografin in Hamburg und Mitglied der Fotoagentur laif. Seit fünf Jahren arbeitet sie an ihrem Buch- und Ausstellungsprojekt „Tropic Ice", das den Klimawandel im Amazonasgebiet sowie in Grönland dokumentiert. Auf einer der Reisen lernte sie Peroni kennen.*

Welches Heft fehlt Ihnen noch?

Bestellen Sie einfach und schnell unter www.mare.de oder kontaktieren Sie uns per Telefon +49/(0)34206/65-135 oder per Fax +49/(0)34206/65-1739.

Mehr im **mare**shop

In unserem mareshop unter www.mare.de finden Sie nicht nur sämtliche mare-Hefte, -Bücher, -Kalender und -Bildbände, sondern auch passende Schuber, unsere beliebten Badetücher und viele weitere Produkte. Und wenn Sie vergriffene Hefte suchen oder Platz in Ihrem mare-Regal schaffen wollen, dann schalten Sie doch eine Gratisanzeige in unserem Hafenbasar (bei „Fundstücke") und handeln dort mit gebrauchten Heften.

Zum Beispiel:
mare-Sammelbox
18 €/35,80 CHF

Alle Preise zuzüglich Versandkosten; in D pauschal 3,32 € (nach A 3,42 €, in die CH 6,50 CHF, weltweit 6,14 €). Die Versandkosten entfallen, wenn der Bestellwert den Betrag von 25 €/43 CHF überschreitet (gilt nur für D, A, CH). mare-Hefte sind, soweit nicht vergriffen, zum Preis von 7,50 €/14,80 CHF (ab No. 74: 8,50 €/16,50 CHF; ab No. 98: 9,50 €/16,50 CHF) erhältlich.

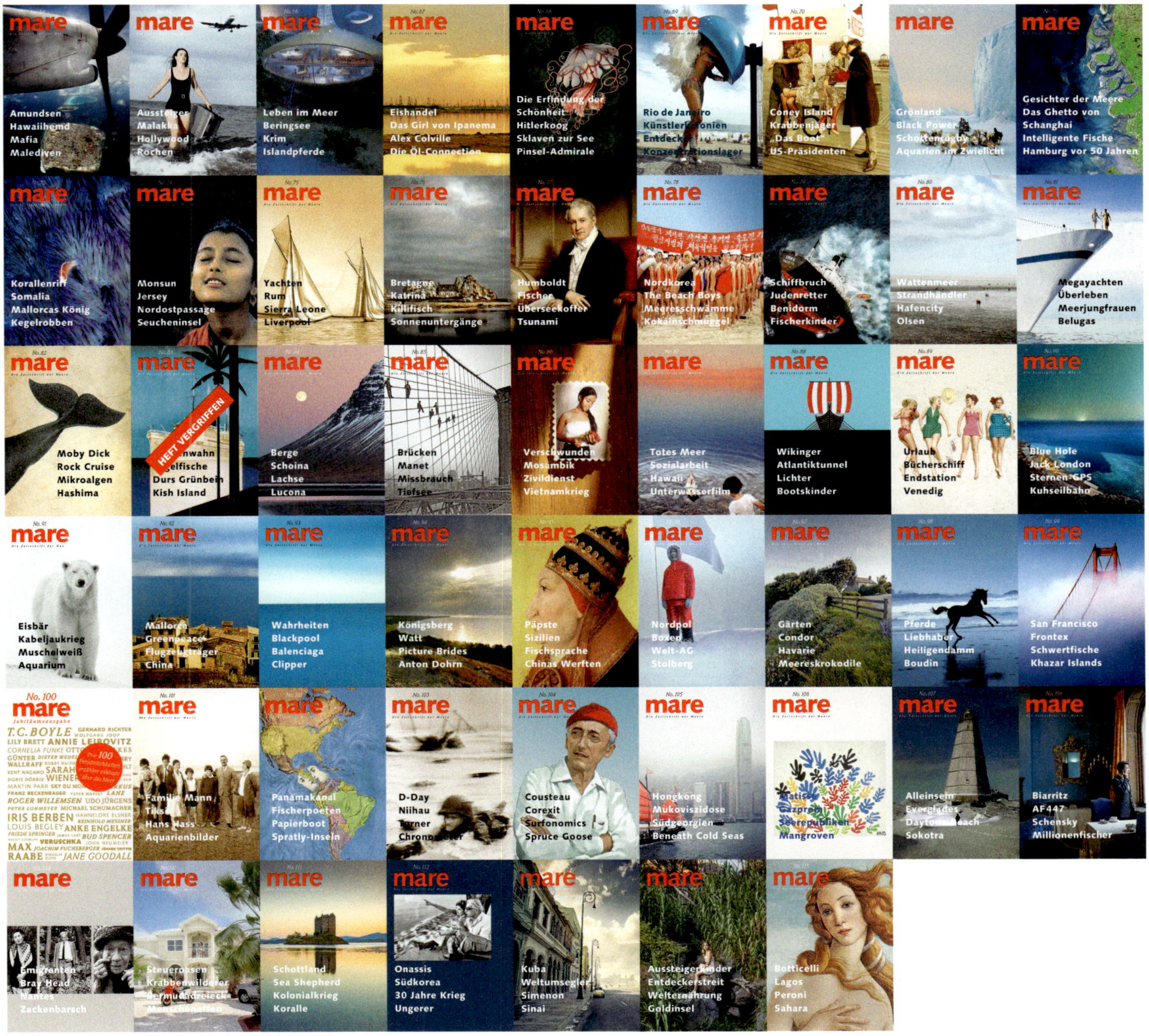

Einer wird sterben

Das Handelsschiff „Peggy“ treibt 1765 manövrierunfähig im Atlantik, darauf neun hungrige Männer. Sie essen Katzenfleisch und schlingen Leder hinunter. Schließlich greifen sie zum allerletzten Mittel

Text: Marike Frick   Illustration: Jörg Hülsmann

DER STURM KOMMT AN EINEM Mittwoch. Es ist der 29. Oktober 1765, und in den nächsten Wochen wird die neunköpfige Crew der „Peggy" kaum etwas anderes sehen als tosende Wellen. Ein Mast nach dem anderen bricht, Segel werden in Stücke gerissen, durch Löcher im Schiffsboden dringt Wasser ein. Die „Peggy", ein einfaches Schiff mit nur einem Deck, soll Wein und Brandy von den Azoren nach New York bringen. 40 Tage hat Kapitän David Harrison dafür eingeplant. Ihm ist bereits vor der Abfahrt klar gewesen, dass ihn womöglich eine schwierige Fahrt erwarten würde, denn er weiß um die Stürme, die zu dieser Jahreszeit oft über den Atlantik fegen. Doch sie übertreffen diesmal alle Befürchtungen.

Als sich die Wellen Anfang Dezember endlich etwas legen, hat die „Peggy" nur noch ein Segel und befindet sich auf halber Strecke zwischen Nordamerika und den Azoren, fernab vom nächsten Hafen. Bei einem erneuten Sturm wird auch noch das letzte Segel zerrissen; die „Peggy" ist nun endgültig manövrierunfähig. „Nur ein Wunder konnte uns vor dem Untergang bewahren", wird Harrison später in seinen Erinnerungen schreiben. Seine Männer werden in den Wochen, die jetzt folgen, hungern und Dinge essen, von denen sie nicht gedacht hätten, dass sie essbar sind. Und sie werden etwas tun, das sie niemals für möglich gehalten hätten: Sie werden Menschenfleisch verzehren.

Die Fahrt der „Peggy" fällt in eine Zeit, in der der Handel zwischen Europa und Amerika auf Hochtouren läuft. Wein ist dabei erst vor Kurzem zu einem begehrten Importprodukt geworden; vor allem aus Madeira wird er eingeführt. In der zweiten Hälfte des 18. Jahrhunderts etablieren sich erstmals auf Wein spezialisierte Händler; Gespräche über Beschaffenheit und Qualität von Wein entwickeln sich zum wichtigen Teil der Tischkonversation.

Die Ladung der „Peggy" soll an einen wohlhabenden New Yorker Händler namens William Malcolm geliefert werden. Sie wird niemals ankommen – doch der Crew an Bord des Schiffes rettet sie das Leben. Denn den Männern auf der „Peggy" ist kaum Proviant geblieben. Sie ernähren sich von Brotresten; Fische zu fangen gelingt ihnen nicht. Und in nur einem einzigen Fass finden sich noch – völlig verschmutzte – Wasserreste.

Das Fass wird Kapitän Harrison zugeteilt, der die meiste Zeit geschwächt und krank in seiner Kabine liegt. Seine Crew dagegen greift zu Wein und Brandy. Der Alkohol bewahrt sie vor dem Verdursten. Und wahrscheinlich betäubt er auch die Verzweiflung. Denn die Männer haben schon zwei Schiffe an sich vorbeiziehen sehen müssen – eines fuhr von Jamaica nach London, das andere von New York nach Dublin. Wegen des Sturmes war eine Kontaktaufnahme nicht möglich. Und sich aus eigener Kraft den möglichen Lebensrettern zu nähern, dazu war die „Peggy" nicht mehr in der Lage.

Dann kommt der Weihnachtstag des Jahres 1765 – und plötzlich wird ein Segel am Horizont gesichtet. Alle Augen sind hoffnungsvoll auf das fremde Schiff gerichtet. Naht endlich Rettung? Als das Schiff sich auf Rufweite angenähert hat, berichten die Männer von ihrer großen Misere. Doch die fremde Crew fürchtet um das eigene Leben. Was ist, wenn das Aufnehmen mehrerer halb toter Männer das Todesurteil für alle bedeutet? Auch ihre Vorräte sind schließlich knapp bemessen.

Zwar beschwört Kapitän Harrison, er und seine Männer wollten lediglich heil an Land zurückgebracht werden. Zwar verspricht er, sie würden die Lebensmittel der anderen Crew nicht anrühren, solange nur der Heimweg gesichert sei. Doch der Kapitän des anderen Schiffes lässt sich davon nicht überzeugen – er will den hungernden Männern lediglich etwas Zwieback zukommen lassen, mehr könne er nicht entbehren. Allerdings, so fügt er hinzu, werde er erst noch seine mittägliche nautische Beobachtung beenden. Danach werde er das Essen hinüberbringen lassen.

Harrison legt sich daraufhin wieder in seine Kabine, im Glauben, wenigstens etwas Zeit gewonnen zu haben. „Die versprochene Hilfe war zwar klein, aber in unserer Lage von unschätzbarem Wert", schreibt er später. Doch seine Erleichterung währt nur kurz. Ihm wird berichtet, der fremde Kapitän habe sein Versprechen gebrochen, das Schiff drehe ab. Verzweifelt laufen die Seeleute von einer Seite des Decks zur anderen, rufen, winken. Als das Schiff sich weiter entfernt, macht sich Fassungslosigkeit breit.

Nicht wissend, ob sie Neujahr noch erleben, beschließen die Männer, alles zu essen, was irgendwie essbar erscheint. Die zwei bis dahin verschont gebliebenen Schiffstauben halten als Weihnachtsmahl her, am nächsten Tag wird die Bordkatze

getötet und mitsamt Augen, Zunge und Gehirn verschlungen. Für Harrison ist es ein Festessen. „Zeit meines Lebens ist mir nichts so wohlschmeckend erschienen. Dabei hätte ich es zu jeder anderen Gelegenheit mit größtem Ekel abgelehnt." Die Seeleute essen Kerzen und Kerzenöl, Tabak und Leder, ja, sogar die Knöpfe ihrer Jacken. Dann bleibt ihnen nichts mehr.

Es kommt der Morgen des 13. Januar. Kapitän Harrison liegt wieder einmal in seiner Kabine, die Gicht plagt ihn. Plötzlich stehen seine Männer vor ihm und berichten, sie würden nun zum letzten Mittel greifen. Einer aus ihrer Mitte solle als Mahlzeit für die anderen herhalten. So müsse nur einer sterben und nicht sie alle zusammen. Vergeblich versucht der Kapitän, seine Crew davon abzuhalten. Die Männer wollen das Los entscheiden lassen, verlassen die Kabine – und kehren mit einem wenig überraschenden Ergebnis zurück. Das Los, so berichten sie, sei auf den afrikanischen Sklaven gefallen, der mit ihnen an Bord ist.

Der Schwarze stürzt auf den Kapitän zu, fleht um sein Leben. Doch Harrison weiß, dass er den Mann nicht mehr schützen kann. Zu groß ist der Hunger, zu betrunken die Crew. Der Sklave versucht noch einmal, der Meute zu entkommen, doch er wird niedergerungen und mit einem Kopfschuss getötet. Das Feuer brennt da bereits; das Mahl soll sogleich zubereitet werden. Eilig schneiden die Männer den Körper des Schwarzen auf.

Einer der Seeleute, ein Mann namens James Campbell, hat bereits jegliche Geduld verloren. Außer sich vor Hunger, reißt er die Leber des Toten heraus – und verschlingt sie roh. Daran geht er zugrunde: Drei Tage später verliert Campbell erst den Verstand, dann stirbt er. Überzeugt, dass sich der Wahnsinn auf sie übertragen würde, wenn sie sein Fleisch verzehren, werfen die Männer die Leiche über Bord.

Nach 13 Tagen sind alle Reste des Sklaven aufgegessen. Wieder beschließt die Crew, dass einer sterben muss, um die anderen zu retten. Diesmal nimmt Kapitän Harrison die Auslosung selbst in die Hand, um sicherzugehen, dass es fair zugeht. Zettel mit Namen werden in einen Hut geworfen, auch Harrisons eigener Name ist darunter. Mit zitternder Hand greift einer der Männer nach einem Los. Nun kann es jeden treffen. Als der Name des Unglücklichen verlesen wird, herrscht entsetzte Stille: Es hat ausgerechnet den Matrosen David Flatt getroffen, den Beliebtesten unter den Seeleuten. Der Schock sitzt tief. Flatt aber scheint sich seinem Schicksal rasch zu ergeben. „Liebe Freunde", sagt er, „alles, worum ich euch bitte, ist, mich so schnell zu erledigen, wie ihr es mit dem Schwarzen gemacht habt, und mich so wenig wie möglich zu quälen."

Doch gerade dieser Wunsch sollte ihm nicht erfüllt werden. Denn die mitleidige

Als der Name des Unglücklichen gezogen wird, herrscht entsetzte Stille. Es hat ausgerechnet den Beliebtesten getroffen

Crew beschließt zu warten. Flatt soll Zeit gegeben werden, sich auf seinen Tod vorzubereiten. Seine Hinrichtung wird auf elf Uhr am nächsten Morgen verschoben. Für Flatt sind es qualvolle Stunden.

Am nächsten Morgen bereitet die Crew auf dem Deck ein Feuer vor. Doch dann geschieht das Unglaubliche: An diesem 30. Januar taucht plötzlich ein Segel am Horizont auf. Die Männer trauen ihren Augen kaum, und Harrison gibt die Anweisung, jedes erdenkliche Notsignal abzugeben. „Zwar war unser Schiff selbst schon ein eindrucksvolles Notsignal", schreibt er später. „Aber es bestand die Möglichkeit, dass man auf dem anderen Schiff annehmen könnte, an Bord befände sich keine Menschenseele mehr."

Das fremde Schiff kommt tatsächlich näher. Als es nur noch zwei Meilen von der „Peggy" entfernt liegt, wird ein Boot herabgelassen. Für die sich nähernden Männer der „Susan" muss die Crew ein gruseliger Anblick sein. Eingesunkene, hohläugige Gesichter blicken ihnen entgegen. „Was seid ihr? Seid ihr Menschen?", fragen die Männer zunächst vorsichtig. Doch schließlich kommen sie an Bord. Die lange ersehnte Rettung ist endlich da.

Alle verbliebenen Crewmitglieder werden nun zur „Susan" hinübergebracht. Kapitän Harrison muss erst aus seiner Kabine getragen und dann mit Seilen ins Boot hinuntergelassen werden. Innerhalb einer Stunde liegt die „Peggy" verlassen im Meer. Das Schiff wird danach nie wieder gesichtet. Und sieben ausgehungerte Seemänner treten endlich die Heimreise an. Auch auf der „Susan" sind die Lebensmittel knapp, und die gesamte Besatzung muss nun kürzertreten. Doch wenigstens bewegt sich das Schiff vorwärts, wenigstens geht es gen England.

Harrison beschreibt später seine Qualen, als sein Körper zum ersten Mal seit Wochen wieder verdauen muss. „Die Schmerzen waren so entsetzlich, und meine Organe zogen sich derart zusammen, da sie seit 36 oder 37 Tagen rein gar nicht mehr benutzt worden waren, dass ich beinahe daran verzweifelte, sie wieder dazu zu bringen, ihre notwendige Funktion zu erfüllen."

Drei anderen aus der Crew ergeht es allerdings noch schlechter: Sie sterben auf der Reise. Neben Kapitän Harrison überleben somit nur drei Männer die grausige letzte Fahrt der „Peggy", darunter ausgerechnet derjenige, der bereits dem Tod geweiht schien. Der unglückliche David Flatt soll sich laut Harrison niemals davon erholt haben, beinahe ein Kannibalismusopfer geworden zu sein.

Marike Frick, Jahrgang 1980, Autorin in Genf, liebt Schifffahren. Dass ihr dabei einmal der Proviant ausgeht, ist unwahrscheinlich, schon weil sie zwei sehr hungrige Kinder hat und immer zu viel einpackt.
Jörg Hülsmann, geboren 1974, arbeitet als freier Illustrator für Buchverlage, Magazine und Zeitungen.

Foto: © Jack Garofalo / Paris Match Archive / Getty Images

Auf dich, vergessener Held!

„South Pole Inn" ist ein seltsamer Name für einen Pub an der irischen Westküste. Wer ins Grübeln kommt, muss nur an die Theke gehen. Da steht einer, der viel darüber zu erzählen weiß

Von Martin Kaluza

WILLST DU DIR NICHT LIEBER das volle nehmen?" Der grauhaarige Mann mit schmalem Gesicht und dünner Lederjacke, nach dessen Glas Bier ich gegriffen hatte, sieht mich freundlich an. Er stellt sich vor als Thomas Kennedy. Er spricht leise, deutlich unter der üblichen Pub-Lautstärke, und er scheint sich mit der Antarktis auszukennen. Das hat mit dem Pub zu tun, in dem wir unser Bier trinken, „South Pole Inn", ein nicht eben naheliegender Name auf der irischen Halbinsel Dingle.

Tatsächlich hat das Lokal im 300-Seelen-Dorf Annascaul im County Kerry mit der Antarktis zu tun. Der Polarfahrer Thomas Crean, erzählt Kennedy, sei 1877 in den Hügeln oberhalb des Dorfes geboren worden und habe als Teen das Weite gesucht. Er war ein Held der zweiten Reihe: Unter Robert Scott und Ernest Shackleton nahm er an drei legendären Antarktisexpeditionen teil, und er zählte zu den ersten 13 Menschen, die dem Südpol auf 150 Meilen nah kamen. 1920 quittierte er den Dienst, heiratete und eröffnete 1927 in seinem Heimatdorf den Südpol-Pub. Er starb 1938, den Pub gibt es noch immer.

Hier sitzen wir nun, am Tresen aus dicken Holzbalken. Die Wände sind voller Fotos, die von Crean und den Expeditionen erzählen: die im Eis stecken gebliebene „Endurance", Schlitten ziehende Männer, Tom Crean mit einem Arm voller Hundewelpen.

Scott engagierte Crean für die „Terra Nova"-Expedition, die zum Südpol führen sollte. 150 Meilen vor dem Pol schickte der Chef Crean mit zwei weiteren Männern zurück, um die Depots aufzufüllen. Scott erreichte den Pol, doch sein Konkurrent Amundsen war ihm knapp zuvorgekommen. Scott und seine Begleiter erfroren auf dem Rückweg. Geborgen wurden sie von Crean und den anderen beiden – und mit ihnen die berühmten Aufzeichnungen, in denen Scott sein dramatisches Scheitern dokumentiert hatte.

Dass die „Endurance"-Expedition unter Shackletons Leitung nicht ebenfalls im totalen Desaster endete, lag an einer der dramatischsten Rettungsaktionen der Geschichte: Ein Trupp von sechs Männern überquerte in einer 16-tägigen Fahrt die 800 Seemeilen lange Passage von Elephant Island nach South Georgia in einem offenen Boot. Neun Tage später brachen die Männer zu einem Gewaltmarsch über die Insel und ihre Berge auf, um bei Walfängern Hilfe zu holen. Es war die erste Durchquerung von Elephant Island. Wieder war Crean mit von der Partie.

Er galt als kumpelhafter Typ, der nie schlecht gelaunt war, sich liebevoll um die Schlittenhunde kümmerte und körperlich an Robustheit kaum zu überbieten war. Einer der Kollegen von der „Endurance"-Expedition behauptete sogar, Crean habe im Packeis des Weddellmeers auf allen Vieren „ein Geräusch von sich gegeben, dass ein wenig so klang wie ein Fisch", nur um einen Kaiserpinguin anzulocken, den er dann binnen einer Viertelstunde speisefertig zubereitet habe.

Kennedy hat ein Lieblingsfoto von Crean. Es zeigt einen entschlossen blickenden Mann mit Bart, Wollmütze und einer Pfeife im Mundwinkel. Es ist sein bekanntestes Bild, aufgenommen während der „Endurance"-Expedition. „Noch heute leben 16 seiner Großcousins in Annascaul", sagt Kennedy. Wo man die Großcousins denn antreffen könne, frage ich ihn. In freundlich-leisem Ton sagt er: „Einer von ihnen steht vor dir." Ich werde den Eindruck nicht los, dass Kennedy auf diese Pointe gewartet hat.

„Ab dem Moment, als er nach Annascaul zurückkam, stand er vollkommen unter der Kontrolle seiner Frau Ellen", sagt er. Crean brachte das Haus in Ordnung und richtete eine Küche ein. Doch den Betrieb überließ er seiner in solchen Dingen erfahrenen Frau. Sie war als Wirtstochter in dem Pub schräg gegenüber aufgewachsen.

Als Kennedy sich verabschiedet, komme ich mit einem kräftigen Mann mit rot geädertem Gesicht ins Gespräch. Er war früher Bauunternehmer und genießt heute sein Altenteil in Annascaul. Ich frage ihn, ob er den netten Mann näher kennt, der so gut über Thomas Crean Bescheid wusste. „Tom Kennedy?", fragt er. „Na, dem gehört doch der Pub."

Fish 'n' chips

Zutaten (für vier Personen)
4 Kabeljaufilets, 225 g Mehl, 1 TL Backpulver, 300 ml Bier (Lager), 1 kg Kartoffeln, Pflanzenöl, Malzessig.

Zubereitung
In einer Schüssel Mehl (etwas Mehl zurückbehalten) und Backpulver mit dem Bier vermischen, bis der Teig zähflüssig ist. Im Kühlschrank etwa 1 Stunde ziehen lassen. Kartoffeln schälen, in fingerbreite Streifen schneiden und bei 180 Grad portionsweise in Öl 4 bis 6 Minuten frittieren (nicht knusprig). Dann im Backofen warm halten. Filets in je etwa 4 Stücke schneiden, diese von beiden Seiten mit Salz und Pfeffer würzen und in Mehl wenden, dann in den Teig tauchen. Je nach Dicke der Schicht 8 bis 12 Minuten frittieren, bis sie goldbraun und knusprig sind. Die Kartoffeln salzen und mit Malzessig beträufeln, zusammen servieren.

South Pole Inn
Lower Main Street, Annascaul, Kerry;
Tel. +353 66 9157388.
Geöffnet Mo bis Do 12–23.30, Fr und Sa 12–1, So 12–23 Uhr.

Links **Porträt von Thomas Crean, aufgenommen am 1. Februar 1915 während der „Endurance"-Expedition.**

Unten **Das „South Pole Inn" in Annascaul. Im Gästebuch verewigte sich auch Everest-Erstbesteiger Sir Edmund Hillary, der 1958 den Südpol erreichte**

WAS FÄHRT DENN DA?

Wer diesen Zug nimmt, könnte nass werden. 1894 baut der britische Erfinder Magnus Volk eine Tram, die durchs Meer fährt, Rettungsboot inklusive

Von Bernd Flessner

MAGNUS VOLK IST EINER JENER ERFINDER, die typisch für das 19. und frühe 20. Jahrhundert sind. Ein Pionier des noch jungen technischen Zeitalters, in dem nichts mehr unmöglich zu sein scheint. Wäre Volk eine fiktive Figur, hätte er mühelos einer der Helden von H. G. Wells oder Jules Verne sein können, etwa der Tüftler Mr. Cavor in „Die ersten Menschen auf dem Mond" oder der Erfinder Thomas Roch in „Die Erfindung des Verderbens".

Volk wird am 19. Oktober 1851 im englischen Seebad Brighton als Sohn eines deutschen Uhrmachers geboren, der sich im Ausland bessere Chancen erhofft. Der Vater hat mäßigen Erfolg und stirbt 1869. Magnus tritt in dessen Fußstapfen und kümmert sich einige Zeit um den Uhrturm, eines der Wahrzeichen der Stadt, und installiert auf dem Dach eine neuartige Stundenglocke. 1879 wird ein entscheidendes Jahr, denn er heiratet Anna Banfield, die ihm sieben Kinder schenkt. Es ist zugleich das Jahr, in dem er die Elektrizität als Energie der Zukunft für sich entdeckt und faktisch für jede seiner Erfindungen nutzt.

Kaum sind die Hochzeitsfeierlichkeiten überstanden, spannt er Drähte zum Haus seines Freundes William Jago

Der Hingucker: Bis zu 160 Menschen transportierte die Bahn auf ihrem Weg von Brighton nach Rottingdean

„Eine Seereise auf Rädern“: Laut Werbung wurde die Strecke mehrmals am Tag bedient

und führt wenig später das erste Telefongespräch in der Geschichte Brightons. Sein Haus erhält 1880 als erstes der Stadt elektrisches Licht, versorgt vom hauseigenen Generator.

Seine Erfindungen machen Volk bekannt und steigern die Nachfrage, sodass er 1881 eine neue und deutlich größere Werkstatt eröffnen kann. Von dort aus elektrifiziert er ein öffentliches Gebäude nach dem anderen, Bücherei und Kunstmuseum inklusive. Zur kleinen Sensation wird sein neuartiges elektrisches Feuermeldesystem, das er im selben Jahr präsentiert. Es folgen Elektrobarkassen, die auf der Themse fahren, und dreirädrige Elektroautos. Eines davon erwirbt 1888 der türkische Sultan Abdul Hamid.

Zum ökonomischen Fundament der Unternehmungen des umtriebigen Erfinders wird jedoch die 1883 von ihm gebaute elektrische Straßenbahn, deren erste Strecke gerade einmal 402 Meter lang ist. Als Vorbild dient die 1879 von Werner Siemens für die Berliner Gewerbeausstellung gebaute erste elektrische Eisenbahn der Welt. Volks Straßenbahn, Volk's Electric Railway, kann dafür in Anspruch nehmen, die älteste in Betrieb befindliche elektrische Eisenbahn der Welt zu sein. Die Strecke wurde mehrfach verlängert und die Spur verbreitert. Nach dem Tod von Magnus Volk am 20. Mai 1937 ging das kleine Unternehmen in den Besitz der Stadt über; die Straßenbahn gilt heute als Touristenattraktion.

Brighton ist Ende des 19. Jahrhunderts eines der beliebtesten Urlaubsziele und in den Sommermonaten komplett ausgebucht. Mehr und mehr suchen die Gäste in den umliegenden Ortschaften nach Alternativen. Dabei gerät besonders das fünf Kilometer entfernte Dorf Rottingdean ins Visier der Touristen. Der Weg ist jedoch beschwerlich und führt auch noch über einen Hügel. Nach dem Erfolg seiner Straßenbahn denkt Volk an eine zweite Strecke, die Brighton mit Rottingdean verbinden könnte. Das Interesse ist groß und die Strecke auch technisch zu bewältigen – wäre da nicht besagter Hügel. Die Steigung macht deutlich stärkere Motoren erforderlich, die Volks Kalkulationen sprengen würden. Ein Tunnel oder ein Viadukt, das den Hügel umgeht, wäre noch kostenintensiver.

Aber der Erfinder gibt sich nicht geschlagen und findet schließlich eine Lösung, wenn auch eine verwegene. Bei einem Spaziergang am Strand kommt ihm die Idee, die Schienen einfach im Wasser in Ufernähe zu verlegen. Denn dort gibt es keine Höhenunterschiede. Der Uferbereich zwischen Brighton und Rottingdean ist flach und gewinnt erst langsam an Tiefe. Volk kalkuliert das kuriose Projekt und kommt zu einem erstaunlichen Ergebnis. Die Wasserbahn ist zwar teurer als eine gewöhnliche Straßenbahn, jedoch günstiger als die Landvariante.

Zunächst erntet der Erfinder Kopfschütteln und Spott für sein Vorhaben, kann dann aber doch lokale Investoren gewinnen, etwa den Unternehmer Edward Bleackley, der auch gleich den Vorsitz der eigens gegründeten Offshore-Company übernimmt. Da die Bahn durchs Wasser fährt, sieht sich Volk neben bislang unbekannten technischen Herausforderungen auch mit den Bedingungen des Seerechts konfrontiert. Zur Unterstützung engagiert Volk den namhaften Ingenieur Richard St. George Moore, der auch die 1899 eröffnete Seebrücke Brighton Marine Palace and Pier konzipierte. Während Moore sich auf die Wasserbauten konzentriert, kümmert sich Volk um die Elektrik.

Die eigentlichen Bauarbeiten beginnen 1894 und kommen nur langsam voran, da bei der Verlegung der Schienen die Gezeiten beachtet werden müssen. Sobald sich das Wasser zurückzieht, rücken die Arbeiter an, schachten Gruben im weichen Untergrund aus und gießen Betonfundamente. Auf ihnen werden schließlich die Schienen verlegt. Die Stromversorgung für die beiden 25-PS-Elektromotoren von General Electric stellt eine seitlich errichtete Oberleitung sicher. Fehlt nur noch das Bahnfahrzeug, das Volk bei der Gloucester Railway Carriage & Wagon Company in Auftrag gibt. Das hybride Gefährt aus Boot und Bahn wird auf den Namen „Pioneer" getauft, aber wegen seiner sieben Meter hohen Stahlstelzen bald „Daddy Longlegs" genannt, also „Weberknecht".

Die „Pioneer" ähnelt einer kleinen Flussfähre, wiegt 45 Tonnen, ist sieben Meter breit und 14 Meter lang. Unter- und Oberdeck sind von einer Reling umgeben, an der, so sieht es das Seerecht vor, Rettungsringe angebracht sind. Auch ein Rettungsboot wird der elektrischen Meeresspinne verordnet, das jedoch nicht wirklich einsatzfähig ist. Aber Vorschrift ist nun einmal Vorschrift. In zwei der Stahlstelzen sind die Antriebswellen verborgen, in den anderen beiden das Gestänge für die Bremsen. Die vier vierrädrigen Drehgestelle werden durch Metallkästen vor Sand und Wellenschlag geschützt. Auf den beiden Decks finden bis zu 160 Menschen Platz, das Oberdeck dient als Dach für den kleinen Salon mit gepolsterten Ledersitzen. Schließlich war Brighton das Ziel eher betuchter Gäste. Wie viel der Bau der Bahn letztlich kostet, darüber schweigen sich die Quellen aus.

A sea voyage on wheels", eine Seereise auf Rädern – mit diesem Versprechen wirbt Volks Firma für das neue und einzige Verkehrsmittel seiner Art. Die Jungfernfahrt findet am 28. November 1896 statt und lockt Brightons und Rottingdeans High Society an Bord. Feierlich wird der Union Jack gehisst, Champagnerkorken knallen. Die 35-Minuten-Fahrt von einer Pier zur anderen wird ein Triumphzug, nicht nur im engeren Sinn schwebt Volk übers Wasser.

Die Menschen stehen Schlange, um mit „Daddy Longlegs" zu fahren. Endlich ist Rottingdean in das Tourismuskonzept Brightons integriert. Aber Volks Freude währt nur eine Woche, denn schon am 5. Dezember 1896 fegt ein Orkan über den Atlantik und den Kanal hinweg, dem die Konstruktion nicht gewachsen ist. Die Haltetaue reißen, der „Pioneer" kentert und landet in der aufgewühlten See. Auch die Schienen und die Masten der Oberleitung werden beschädigt.

Umgehend macht sich Volk an die Reparatur, die ein halbes Jahr in Anspruch nimmt und die Company viel Geld kostet. Aber sie schaffen es, die Meeresstraßenbahn bis zur Sommersaison wieder seetüchtig zu machen. Das Interesse ist ungebrochen. Bis zum Jahresende kaufen 44 000 Reisende das eineinhalb Pence teure Ticket. Zwar kriecht die „Pioneer" aufgrund ihrer Untermotorisierung die Küste nur im Schritttempo entlang, doch genau diese kleine, langsame Sightseeingtour ist ja Teil der Attraktion.

Volk und seine Investoren könnten demnach zufrieden sein, doch die See ist ihnen nicht gewogen. Ernüchtert stellt der Erfinder fest, dass die Fundamente schneller unterspült werden, als er gedacht hat. Außerdem setzen die Wellen der Uferpromenade zu, sodass sich die Stadtväter gezwungen sehen, den Küstenschutz zu verbessern und Wellenbrecher aufzustellen. Dafür aber müssen die Schienen, die bisher maximal 80 Meter vom Strand entfernt liegen, weiter ins Meer verlagert werden. Diesen finanziellen Kraftakt kann sich die Company nicht leisten; 1901 beginnt sie mit der Demontage. Volk wird von der Stadt noch angeboten, nun doch eine Landlinie nach Rottingdean zu bauen, doch auch dafür fehlt ihm das Kapital.

Die „Pioneer" liegt noch eine Weile in Bereitschaft an Land, wird dann aber verschrottet. Heute geben sich bei Ebbe nur noch einige Reste der Fundamente als letzte Spuren von Volks ungewöhnlichem Fahrzeug zu erkennen.

Magnus Volk, der Erfinder der Meeresbahn

Bernd Flessner, Jahrgang 1957, Autor in Uehlfeld bei Erlangen, stieß bei seiner Recherche zu dem „Was ist was"-Buch „Die Eisenbahn" auf „Daddy Longlegs".

Es ist eine mathematische Gewissheit: Eines Tages wird der Vorrat an Phosphat, dem Hauptbestandteil von Düngemittel, aufgebraucht sein. Die Folge: eine weltweite Hungersnot, die alle betrifft, Arme und Reiche. Es sei denn, wir lernen, sparsamer mit dem Rohstoff umzugehen

Auf dem Trockengerüst: Dorsche

Morgen unseres Aufbruchs ist es klirrend kalt. Nach Stunden, die wir bergauf neben dem Schlitten gelaufen sind und ich mich bergab, bei rasendem Tempo, festgeklammert habe, liegt nun noch ein gewaltiger Gletscher zwischen uns und unserem Ziel. Endlos zieht sich der Aufstieg. Oben angekommen, sitze ich erschöpft, nass geschwitzt und frierend wieder auf dem Schlitten. Im Licht der untergehenden Sonne habe ich unser Tagesziel, Tiniteqilaaq, am Horizont vor Augen. Noch Stunden nach unserer Ankunft friere ich. Gideon hat längst die Hunde versorgt, Öl für den Kanonenofen der eiskalten Hütte besorgt und Robbe gekocht.

Am nächsten Morgen ist einer unserer Hunde tot. Ich kann mit meinem rudimentären Ostgrönländisch nicht aus Gideon herausbekommen, woran das Tier verendet ist.

Ich bin sehr beunruhigt und kann mir nicht vorstellen, wie wir den beschwerlichen Weg über die Berge wieder zurücklegen sollen. Wir haben jedoch keine Alternative.

Und obwohl die Bedingungen bei der Rückfahrt durch starken Schneefall und den fehlenden Hund erschwert sind, läuft die Fahrt gut, und ich wachse an dieser Erfahrung. Zurück in Tasiilaq, empfängt mich Robert Peroni mit einem Lachen und dem besten Abendessen südlich des Polarkreises.

Barbara Dombrowski,
„Ein Mann lässt los“,
Seite 48

Keine olle Camelle

Auf die Geschichte vom Man de Camelle ist Nils Hofmeister durch eine Freundin aufmerksam geworden, die in der galicischen Hauptstadt A Coruña aufgewachsen ist. Als sie zur Schule ging, waren Camelle und das Museum von Manfred Gnädinger ein beliebtes Ausflugsziel. Auch heute noch finden im *Museo do Alemán* Kurse statt, in denen Kinder aus Fundstücken vom Strand kleine Skulpturen bauen.

Für unsere Recherchen treffen wir in einem Nachbarort von Camelle Bernardo Cequera. Er ist Dokumentarfilmer, Deutschvenezolaner, ein kräftiger Mann mit grauem, wild wucherndem Vollbart. Er kommt gerade vom Dreh einer Dokumentation über drei Nonnen, die sich um hilfsbedürftige Frauen kümmern. Am Vortag war er noch in Camelle, um Texte von Man zu übersetzen. Der Gemeinderat hat ihn damit beauftragt, Ordnung in den Nachlass zu bringen. Seit zwei Jahren recherchiert er zu dem Thema. Manfred Gnädinger lässt ihn nicht mehr los. Wir setzen uns in eine Bar, im zweiten Stock eines windschiefen 1960er-Jahre-Baus direkt am Hafen. Wir können auf die Schiffe blicken, die tief unter der Kaimauer liegen. Es ist Ebbe. Die Sonne geht unter, das Wasser färbt sich schwarz.

„Manfred war kein Schriftsteller, er war auch kein Maler, kein Fotograf. Er hat das alles gemacht, aber die Leute interessieren sich für ihn, weil er ein Gesamtkunstwerk ist. Als er noch lebte, kamen sie, um ihn zu sehen. Jemanden, der zwischen Vernunft und Mythos lebte. Er war ein verschlossener Mensch, der nie zu jemandem Vertrauen schöpfen konnte.“ Spätestens nach unserem Gespräch wissen wir, dass es sich lohnt, dem Leben des Man de Camelle nachzugehen.

Henning Zander und Nils Hofmeister,
„Der galicische Jesus“,
Seite 44

Butter on the rocks

Ich bin jahrelang zur See gefahren. Als dann meine Grundschulzeit zu Ende ging und ich aufs Gymnasium kam, hatte ich leider keine Zeit mehr dafür. „Mommark“, „Aphrodite“, „Sea Viking“, „Baltica“ – das waren die Namen der Schiffe, mit denen ich oft an drei Tagen die Woche unterwegs war. Allesamt Butterdampfer im deutsch-dänischen Grenzgebiet, schwimmende Duty-free-Shops, die so vielen schleswig-holsteinischen Rentnern einen Zeitvertreib boten. Ich war meistens mit meinem Opa unterwegs, immer mit einer Tasche voller Kühlakkus für die Butter. Die Passagiere wurden von Busunternehmen auf den Dörfern gratis eingesammelt.

Während die Rentner bei Kaffee und Eistörtchen Skat kloppten und

Butterfahrt: ein einstiger Kinderspaß

rauchten wie die Schlote, ließ man mich als Achtjährigen dort so frei herumlaufen, wie man es heute keinem Kind mehr erlauben würde. Ich beugte mich über die Reling, um zu beobachten, wie die Schiffsschrauben gischtigen Schaum schlugen. Ich klebte bei Windstärke sechs (das ist viel für eine solche Nussschale) am Fenster und schrie begeistert, wenn der Bug in die Wellentäler krachte.

Die mit Abstand schönsten Touren waren die Eisfahrten. Manchmal, wenn die Flensburger Förde endlich einmal zugefroren war, folgten wir Eisbrechern, die eine Fahrrinne für uns frei stampften. Ich stellte mir vor, ich würde jetzt vom Schiff springen und zu Fuß an Land laufen, hinaus ins ewige Eis, in den Permafrost von Kollund und Langballigau, wie einst Scott und Shackleton.

Martin Kaluza,
„Auf dich, vergessener Held!“,
Seite 64

mare
Die Zeitschrift der Meere

Hausnachrichten No. 63 April/Mai 2016

Exklusiv für mare-Abonnenten

Per Boot ins Gestern

Die nigerianische Megastadt Lagos hat mehrere Gesichter. Da ist das der am schnellsten wachsenden Metropole der Welt mit hohen Bürotürmen, ewigen Staus und stinkenden Abgasen, in der 20 Millionen Menschen leben. Mittendrin der Hafen, hektisch und lärmend, voller angerosteter Schiffe. So habe ich Lagos bei meinen ersten Besuchen kennengelernt – ich fand die Stadt gleichzeitig faszinierend und abstoßend.

Bei der Recherche zu dem Artikel über den Hafen habe ich nun ein anderes Lagos erlebt. Immer wieder bin ich mit Passagierbooten durch die Kanäle und Lagunen gefahren, die die Metropole durchschneiden. Der Lärm der Autos löste sich auf, der staubige Schleier verschwand, die grauen Betonwüsten wurden von tropischer Vegetation überdeckt, nur hier und da ragten ein paar Häuser aus den Mangroven empor. Die Stadt sah auf einmal ganz hübsch, beinahe idyllisch aus. Dieses Lagos kennen aber nur wenige.

Ich habe als Kind von Zeitreisen geträumt. Ich wäre gern 100 Jahre früher auf die Welt gekommen, damals, als man in Afrika noch etwas entdecken konnte. Bei der Recherche in der Wasserwelt von Lagos fühlte ich mich mehrmals, als hätte ich eine solche Zeitreise hinter mir. Nach einer kurzen Bootsfahrt bin ich jedes Mal in einem afrikanischen Dorf gelandet, in dem sich seit ewigen Zeiten wenig verändert hat. Es gab keinen Strom und kein fließendes Wasser. Fischer warfen von winzigen Kanus ihre Netze aus, Taucher buddelten per Hand Sand für ihre Häuser aus

Auf Zeitreise: Andrzej Rybak

dem Flussbett, wie es schon ihre Vorfahren immer gemacht haben. Niemand schien die moderne Welt zu bemerken, die nur ein paar hundert Meter entfernt lag. Vielleicht war sie auch nur eine Fata Morgana.

Andrzej Rybak,
„Die Piers des Irrsinns“,
Seite 12

Eisheimat

Seit Adam und Eva, wurde mir gesagt, hätten nicht mehr als 1000 Menschen den Boden betreten, auf dem wir standen: rund um uns nichts als Schnee und Eis, zwei Millionen Quadratkilometer. Eine Woche verbrachte ich mit Schweizer Glaziologen auf dem grönländischen Eisschild, 100 Kilometer von der Ostküste entfernt, wo wir von Ilulissat mit dem Helikopter gestartet waren.

Es ist viele Jahre her, doch keine Reportage hat mir einen so nachhaltigen Eindruck gemacht wie jene. Ich war auf dem Eis gestanden, geblendet von all dem Weiß, und hatte nichts gesehen. Und dann wurde, was erst eintönig erschien, allmählich zur Landschaft, glich einem gefrorenen Meer hier, einer Wolkendecke dort, das Weiß eine Palette von Farben in der Sonne. In der ungeheuren Einöde schärfen sich die Sinne, wird der kleinste Unterschied zur Sensation. Ich ging über die Ebene, von einem Glücksgefühl durchströmt, fühlte mich so lebendig wie nie – gerade in dieser Leblosigkeit, wo weder Mensch noch Tier einen Platz haben.

Der Abenteurer Robert Peroni, der ein Leben lang Rekorden nachgejagt ist und den ich in München getroffen habe, hat in Grönland seinen Seelenfrieden gefunden. Gefragt nach dem Grund, weshalb er unter den Inuit lebe und auf so vieles verzichte, was uns Zivilisationsverwöhnten unverzichtbar scheint, sagt er nur: „Wegen des Wenigen.“ Ich kann es ihm nachfühlen.

Peter Haffner,
„Ein Mann lässt los“,
Seite 48

Die harte Tour

Während meines ersten Aufenthalts in Grönland im Februar 2011 hatte ich schon bald die Gelegenheit, von Tasiilaq aus mit Gideon, einem Jäger, über die Berge in sein Heimatdorf Tiniteqilaaq zu fahren. Er besitzt einen Schlitten mit neun Hunden. Am

Auf Entbehrungstour: Fotografin Barbara Dombrowski

DER STOFF, VON DEM WIR ALLE ABHÄNGIG SIND

Von Tim Schröder

OHNE PHOSPHAT • gäbe es kein Leben

Zweimal schon hatte Kapitän Robert Eyssen den Angriff abgeblasen, weil der Wind zu stark wehte. Am 27. Dezember 1940 aber klappte es. Früh am Morgen hielt er auf die kleine Pazifikinsel Nauru zu, ein winziges Eiland nahe dem Äquator, doppelt so groß wie Capri, ein paar Tausend Einwohner, militärisch völlig unbedeutend. Und doch: Um 6.40 Uhr gab Eyssen Feuerbefehl. Eine Stunde lang dröhnten die Bordgeschütze der „Komet". Die Granaten zerfetzten Boote, Hafengebäude und vor allem die Verladebrücke für Phosphat, auf die Eyssen es abgesehen hatte. Im Granatenhagel knickten die stählernen Stelzen ein. Grollend schlugen die Brückenteile ins Wasser. Dann drehte die „Komet" ab und dampfte wieder aufs offene Meer hinaus.

Aus deutscher Sicht war der Angriff der „Komet" ein voller Erfolg. Nauru war seinerzeit für Australien und Neuseeland der wichtigste Lieferant von Phosphat, jener Substanz, die für die Produktion von Kunstdünger unverzichtbar ist. Und tatsächlich traf der Angriff vor allem Neuseeland ins Mark. Die Neuseeländer hatten nur geringe Phosphatvorräte. Der Rohstoff verknappte sich, weil der Nachschub aus Nauru ausblieb. Nach wenigen Monaten rationierte die neuseeländische Regierung die Düngemittel. Zwar gab es keine Hungersnot, viele Bauern aber fuhren im Jahr darauf eine mickrige Ernte ein.

Der Beschuss der Phosphatbrücke auf Nauru war nur einer von vielen bösen Nadelstichen in der Weltkriegsstrategie der Deutschen, doch ein wohlüberlegter. Denn der Mensch ist gänzlich abhängig vom Phosphat. Phosphat, eine chemische Verbindung aus Phosphor und Sauerstoff, ist für Pflanzen und Tiere essenziell wichtig. Ohne Phosphat gäbe es, kurz gesagt, kein Leben auf der Erde.

Phosphat ist ein wichtiger Bestandteil der Erbsubstanz DNS und der Knochen. Vor allem aber ist Phosphat der Energielieferant jeder lebenden Zelle, das Benzin des Stoffwechsels sozusagen. Pflanzen holen das Phosphat über die Wurzeln aus dem Boden. Der Mensch nimmt es mit der Nahrung zu sich. Mit der Ernte und dem Abtransport von Stroh und Heu wird dem Acker nach und nach das Phosphat entzogen. Der Boden laugt aus. Damit er weiter hohen Ertrag liefert, müssen die Bauern regelmäßig nachdüngen. Fehlt es, wie damals in Neuseeland, an Phosphat, hat man ein großes Problem.

Lange erinnerte man sich kaum an die Geschichte vom Angriff der „Komet". Seit einigen Jahren aber gehört sie zum Vortragsrepertoire von Rohstoffexperten. Denn Phosphat ist zu einem großen Thema geworden, seit ein australisch-schwedisches Forscherteam 2009 in einem Fachartikel das Ende dieses Rohstoffs erklärte. In 50 bis 100 Jahren würden die weltweiten Phosphatvorräte aufgebraucht sein, menetekelten die Wissenschaftler. Bereits ab 2030 würde die weltweite Fördermenge von Jahr zu Jahr schrumpfen. Damit stehe schon bald nicht mehr genug hochwertiges Phosphat zur Verfügung, um weltweit die Äcker zu düngen. Angesichts der großen Bedeutung von Phosphat für die Ernährung der Menschen kam das der Verkündigung der Apokalypse gleich. Immerhin prophezeite die Studie zwischen den Zeilen nichts weniger als eine weltweite Hungerkatastrophe.

Wie Erdgas und Erdöl sind Phosphate fossile Rohstoffe. Fachleute unterscheiden zwischen sedimentären und magmatischen Lagerstätten. Sedimentäre Lagerstätten sind ursprünglich am Meeresboden aus den Überresten von Algen und Meerestieren entstanden, die im Lauf der Jahrtausende herabrieselten und dabei dicke Sedimentschichten bildeten. So reicherte sich das im biologischen Material enthaltene Phosphat im Sediment an. Die Bewegung der Kontinentalplatten hob viele dieser untermeerischen Sedimentlager aus dem Meer. An Land wandelte sich das Sediment nach und nach zu Phosphatgestein. Diese sedimentären Lagerstätten machen weltweit etwa 90 Prozent aller Vorkommen aus. Die Menge der magmatischen Phosphatgesteine, die durch

Oben **Verlassene Verladebrücken auf Nauru erinnern daran, dass die Insel noch vor einigen Jahrzehnten reich an Phosphat war. Heute sind die Vorräte so gut wie aufgebraucht**

Vorhergehende Doppelseite **Diese Phosphatmine in Marokko ist so riesig, dass der Bagger wie ein Spielzeug wirkt. Marokko gehört zu den größten Phosphatproduzenten der Welt**

vulkanische Aktivität entstanden sind, ist also deutlich kleiner.

Riesige Bagger beißen das Phosphatgestein heute im Tagebau aus dem Boden. Anschließend wird es gemahlen und gewaschen. In speziellen Anlagen schwimmen die phosphathaltigen Partikel auf – das Verfahren nennt sich Flotation –, sodass man sie als Phosphatkonzentrat abschöpfen kann. Je nach Lagerstätte enthält das Gestein mehr oder weniger Phosphat. Im Durchschnitt benötigt man 2,3 Tonnen Gestein, um eine Tonne Phosphatkonzentrat zu gewinnen. Doch selbst das Konzentrat hat nur einen Phosphatanteil von durchschnittlich 33 Prozent, weil es mit anderen Stoffen vermischt ist. Daher bereiten die Produzenten es weiter auf. Sie setzen dem Konzentrat Schwefelsäure zu. Dadurch wandelt sich das Phosphat in mehreren Schritten zu Phosphorsäure, der wichtigsten und sehr reinen Ingredienz des Phosphatdüngers.

Der Phosphatverbrauch ist gewaltig. Jedes Jahr landen 42 Millionen Tonnen Phosphat in Form von Kunstdünger auf den Äckern der Welt, in Deutschland rund 280 000 Tonnen. Und der Bedarf nimmt zu, vor allem mit dem Wirtschaftswachstum in Brasilien, China und Indien. Zusammen mit den USA verbrauchen allein diese drei Nationen 70 Prozent allen Phosphatdüngers. Jährlich wird Phosphat im Wert von rund 22 Milliarden Dollar gehandelt. Die größten Produzenten sind China, Marokko und die USA, die zusammen etwa zwei Drittel aller Phosphate fördern.

Die meisten Länder haben jedoch so gut wie keine eigenen Phosphatreserven und sind, so wie Deutschland, von Importen abhängig. Insofern sorgte die australisch-schwedische Studie für viel Aufsehen. Doch dann hagelte es Kritik. Vor allem Geologen nahmen das Papier auseinander. Die Autoren, so hieß es, hätten fundamentale geologische und wirtschaftliche Grundlagen außer Acht gelassen.

Dem ist tatsächlich so, sagt Oliver Gantner vom Lehrstuhl für Ressourcenstrategie der Universität Augsburg. „Die Autoren haben bei ihren Abschätzungen Fehler gemacht. Sie sind von der heute bekannten Rohstoffsituation ausgegangen und haben schlicht ausgerechnet, wie lange die heute wirtschaftlich abbaubaren Reserven beim aktuellen Verbrauch noch reichen werden." Das sei eine Sichtweise, die man bei der Diskussion um die Endlichkeit von Rohstoffen häufig finde.

„Man darf die aktuelle Rohstoffsituation nicht als unveränderlich und statisch betrachten", erklärt Gantner. „Wie die Erfahrungen zeigen, lassen sich durch bessere Erkundungs- und Abbautechnik im Lauf der Zeit immer wieder neue Rohstofflager erschließen." Das ist etwa beim Rohöl der Fall. Obwohl der Verbrauch in den vergangenen Jahrzehnten ständig gestiegen ist, hat es sich nicht verknappt, weil die Konzerne mit moderner Technik immer wieder neue Lagerstätten erschließen konnten, etwa in der Tiefsee. „Außerdem gibt es ein marktwirtschaftliches Phänomen", sagt Gantner. „Steigt der Preis, lohnt es sich für die Konzerne, in neue und teure Technik zu investieren, da der teurere Abbau jetzt Gewinn bringt. Damit kann das Angebot langfristig wieder steigen."

Heute, so Gantner, gehen Geologen davon aus, dass das Phosphat noch für mehrere hundert Jahre reichen wird. Doch ganz gleich, wie lange es noch Phosphat gibt: Irgendwann ist Schluss. „Insofern hatte die Studie ihr Gutes", sagt Gantner. „Sie hat vielen die Endlichkeit des Rohstoffs Phosphat vor Augen geführt."

Der Warnschuss kommt zur rechten Zeit, denn die Menschheit verpulvert die wertvolle Naturchemikalie heute, als gäbe es kein Morgen. Vor allem in China und Indien werfen Bauern Massen von Kunstdünger auf die Felder – mit verheerenden Folgen. Regnet es länger, wäscht das Wasser das Phosphat in großen Mengen aus dem Boden, es läuft in die Flüsse und schließlich ins Meer.

Da auch Algen in der Phosphatfracht hervorragend gedeihen, gibt es an vielen Stellen der chinesischen Küste heute riesige Algenblüten. Im Gelben Meer treibt die Großalge *Ulva prolifera* in jedem Sommer als dicke grüne Schicht auf der Meeresoberfläche. Im Sommer 2008 erreichte der Algenteppich mit rund 1200 Quadratkilometern, was in etwa der doppelten Größe des Genfer Sees entspricht, seine bislang größte Ausdehnung. Mitten in der Hochsaison und während der olympischen Segelwettbewerbe trieb er vor die Küstenmetropole Qingdao. Allein von deren Stränden schaufelten Helfer gut eine Million Tonnen matschiger Algenmasse.

Es ist erstaunlich", sagt Bodo von Bodungen, emeritierter Professor für Biologische Meereskunde. „Wenn es um Rohstoffe geht, diskutieren wir immer nur die Endlichkeit von Erdöl und Metallen. Von der für uns lebenswichtigen Ressource Phosphat aber ist kaum jemals die Rede – und auch nicht vom heutigen Raubbau." Von Bodungen leitete viele Jahre das Warnemünder Leibniz-Institut für Ostseeforschung. Er kennt die Probleme, die die Überdüngung mit Phosphat im Meer macht. Sterben die Algen ab, werden sie von Mikroorganismen abgebaut, die wiederum Sauerstoff benötigen; dadurch sinkt der Sauerstoffgehalt des Wassers. Mitunter bilden sich sauerstofffreie Todeszonen, in denen Fische, Krebse und Muscheln nicht mehr leben können.

Für die Ostsee sind solche Todeszonen seit den 1960er-Jahren bekannt. In China treten sie seit einigen Jahren immer häufiger auf. „Ein Grund für das Zuviel an Phosphat ist unser Fleischkonsum. Um ein Kilogramm tierischen Eiweißes zu produzieren, benötigen wir sehr viel Getreide, das wiederum große Mengen an Phosphat braucht", sagt von Bodungen. Einen wichtigen Grund für die Überdüngung des Meeres sieht er auch in der Begradigung der Flüsse. „Es gibt kaum mehr seichte Stellen, an denen Wasserpflanzen wie etwa Schilf wachsen, die das Phosphat auf natürliche Weise aus dem Wasser filtern." Damit rauscht die Phosphatfracht ungebremst ins Meer. Immerhin ist es in Euro-

DÜNGER WIRD VERPULVERT • als gäbe es kein Morgen

pa gelungen, das Phosphat aus dem Abwasser der Kläranlagen und aus Industrieabwässern herauszuholen und im Klärschlamm zu binden.

Bis in die 1990er-Jahre enthielten viele Waschmittel Phosphat. Man setzte es den Waschmitteln zu, um das Wasser zu enthärten. Das trug massiv zur Überdüngung der Gewässer bei. Angesichts wachsender Algenschaumberge an den Stränden verboten viele europäische Staaten Waschmittelphosphate. 2013 konnte sich schließlich das Europäische Parlament zu einem allgemeinen Verbot durchringen. Geschirrspültabs enthalten allerdings nach wie vor Phosphat.

Gleichzeitig rüstete man die Klärwerke mit Anlagen zur Phosphatreinigung aus – auf chemischem Weg wandelt sich das Phosphat dabei im Wasser zu feinen Flocken, die wie ein Niederschlag aus dem Wasser herausrieseln und im Klärschlamm landen. Damit hat sich der Phosphateintrag aus den acht wichtigsten Kläranlagen an der deutschen Ostseeküste zwischen 1990 und 2008 um 98 Prozent verringert. Für die gesamte Ostsee hat die Phosphatfracht aus den Flüssen seit 1985 aber nur um rund 40 Prozent abgenommen.

Landwirte wiederum bemühen sich, durch gezielte Düngung das Auswaschen der Phosphate zu verringern. Zudem gibt es heute Kunstdünger, die das Phosphat langsam abgeben. So sickert bei einem ausgiebigen Landregen nicht gleich der ganze Dünger davon. „Die Algenblüten der Ostsee zeigen allerdings, dass das noch immer zu viel ist", sagt von Bodungen. Nicht zuletzt, weil Bauern in Deutschland und anderen europäischen Ländern zusätzlich zum Phosphat große Mengen an Gülle aus der Tiermast als Dünger auf die Felder kippen. „Eine Renaturierung der Flüsse und Bachläufe würde hier sehr helfen."

Doch Phosphat ist nicht nur Abfall, sondern eben vor allem ein Rohstoff. Europaweit arbeiten Forscher deshalb zusammen mit der Industrie daran, die Überdüngung der Gewässer und den Phosphat-

Die meisten Phosphatlagerstätten haben ihren Ursprung im Meer. Mit abgestorbenen Lebewesen gelangt das Phosphat in die Tiefe und reichert sich im Sediment an. Andere Lagerstätten sind durch Vulkanausbrüche oder magmatische Aktivität im Erdinnern entstanden

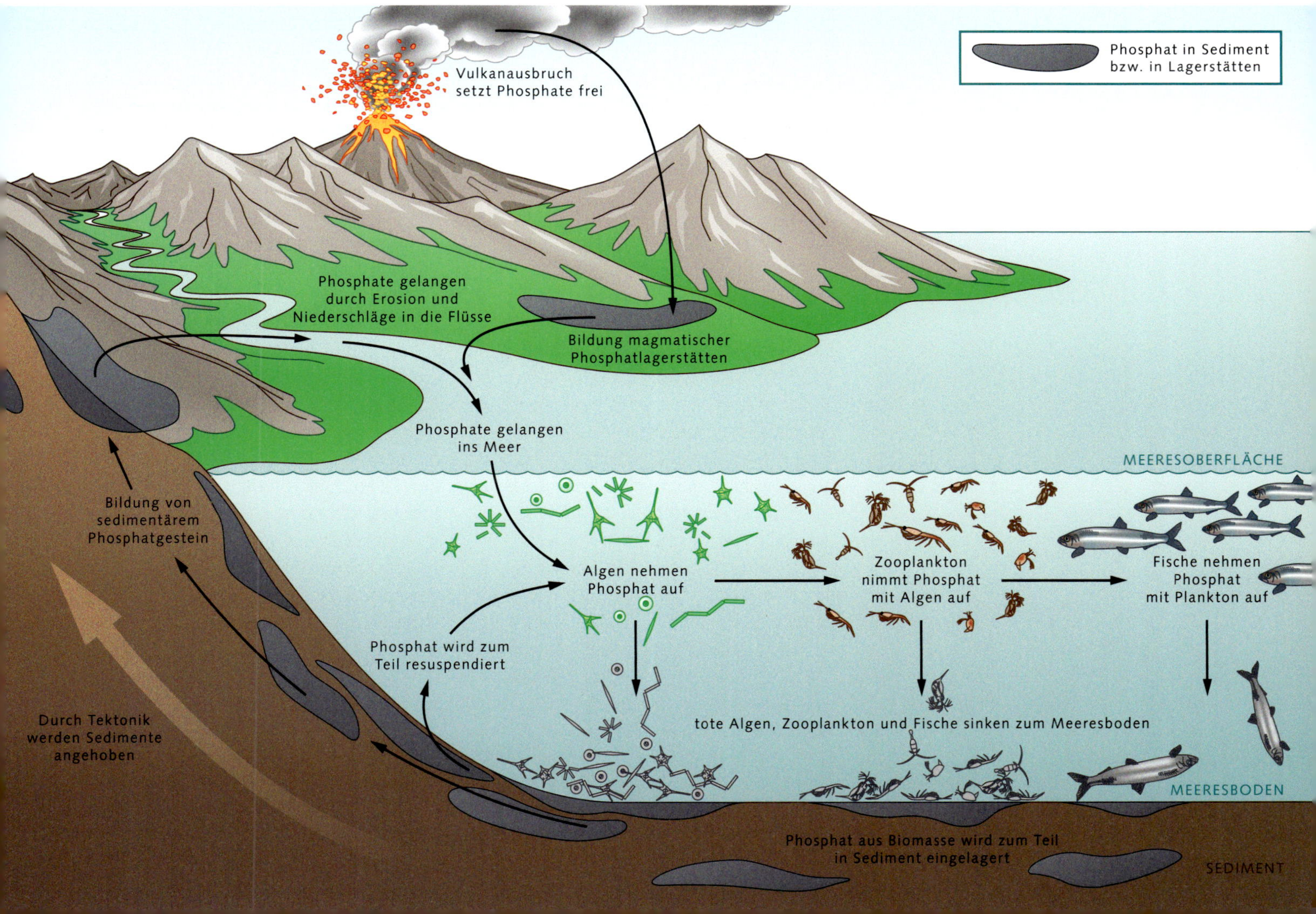

Auf dem Kalkstein von Nauru hat sich über Jahrmillionen der Kot der Seevögel abgelagert. Dieser Guano schuf ein Gestein, das teilweise mehr als 90 Prozent reines Phosphat enthielt. Beim Abbau des sogenannten Nauruits wurde das ältere Karstrelief freigelegt. Im Hintergrund sieht man den Staub der Phosphatfabrik. Die Produktion wurde vor einigen Jahren wieder aufgenommen, ist aber im Vergleich zu früher verschwindend gering

verbrauch auf einen Streich zu verringern. Ihre Lösung: Phosphatrecycling. Künftig wollen sie das Phosphat in den Klärwerken aus dem Abwasser und dem Klärschlamm herausfiltern und zu hochwertigem Dünger verarbeiten – denn Kot und Fäkalien enthalten große Mengen an Phosphat.

Im EU-Projekt „P-Rex“ haben die Experten in den vergangenen drei Jahren verschiedene Verfahren miteinander verglichen und ausgelotet, wie gut sich das zurückgewonnene Phosphat in der Industrie verarbeiten lässt. „Es hängt sehr vom Verfahren ab, wie viel Phosphat wir recyceln können und welche Qualität das Recyklat hat“, sagt „P-Rex“-Projektleiter Christian Kabbe. So kann man Phosphat beispielsweise entweder vor der Trocknung des Klärschlamms wiedergewinnen oder erst nach der Verbrennung aus der Klärschlammasche abtrennen. „Würde man alle Klärwerke mit optimaler Recyclingtechnologie ausstatten, könnten wir damit in Europa rund 15 Prozent unseres heutigen Phosphatbedarfs decken.“

Doch noch gibt es in Deutschland administrative Hürden, die das Phosphatrecycling behindern. „Nach geltendem Recht sind Klärwerke nur für die Reinigung des Wassers zuständig, eine Rohstoffrückgewinnung ist gar nicht vorgesehen“, sagt Kabbe. „Insofern dürfen Klärwerke die Kosten für den Bau und den Betrieb einer Rückgewinnungsanlage nicht auf die Abwassergebühren aufschlagen und so auf die Kunden umlegen. Damit sind einige vielversprechende Techniken zur Rückgewinnung schlichtweg nicht finanzierbar.“

Immerhin gibt es derzeit einen Lichtblick. So wurde vor einigen Monaten in einer Anhörung die novellierte deutsche Klärschlammverordnung vorgestellt. Diese sieht vor, die Rohstoffrückgewinnung künftig in das Portfolio der Klärwerke aufzunehmen. Für Kabbe ist das ein erster, wichtiger Schritt. Dennoch wird es wohl lange dauern, bis sich Recyclingphosphat als Alternative zum frischen Industriephosphat etabliert.

RECYCLING • könnte eine Lösung sein

Während die Menschen in manchen Ländern heute mit dem Zuviel an Phosphat zu kämpfen haben, gibt es in anderen Regionen zu wenig, in Afrika zum Beispiel. Viele Bauern können sich den Kunstdünger gar nicht leisten. Sie düngen ihre Felder nach wie vor mit Mist oder mit Streu. Entsprechend klein ist ihre Ernte.

Namibia will deshalb eigene Phosphatlagerstätten ausbeuten, die 100 Kilometer vor der Küste am Meeresboden liegen. Inzwischen ist der israelisch-russische Rohstoffmagnat Lew Lewiew in das Projekt eingestiegen und hat die Firma Lev Leviev Namibia Phosphates (LLNP) gegründet. Nach den aktuellen Plänen will LLNP jährlich drei Millionen Tonnen Phosphatgestein abbauen, die zu einem kleineren Teil in Namibia verarbeitet und zum größeren exportiert werden sollen. Während das namibische Wirtschaftsministerium geradezu euphorisch ist, bremsen die Fischereibehörden. Die Küstengewässer vor Namibia sind besonders fischreich. Die Fischereilobby fürchtet den Phosphatabbau, weil dadurch große Mengen an feinem Sediment aufgewirbelt werden und das Wasser verschmutzen könnten. Noch ist unklar, ob sich die namibischen Behörden einigen werden.

In Neuseeland hat die Umweltschutzbehörde Environmental Protection Authority (EPA) ein ähnliches Projekt auf Eis gelegt. Dort will die Firma Chatham Rock Phosphate (CRP) am Ozeanboden in der Nähe der zu Neuseeland zählenden Chathaminseln Phosphat abbauen. Doch der EPA genügen die Umweltgutachten nicht, die CRP vorgelegt hat. Die Vertreter der EPA befürchten, dass durch die Baggerarbeiten in der Tiefe Lebensräume mit seltenen oder gar einzigartigen Spezies verloren gehen. Sie haben CRP jetzt aufgefordert, ausführlichere Gutachten nachzuliefern. Wie in Namibia steht auch in Neuseeland eine endgültige Entscheidung aus.

Nauru hingegen hat die Phosphatära bereits hinter sich. Ein Jahr nach dem Angriff der „Komet" war die Verladebrücke für das Phosphat wieder instand gesetzt. Zunächst beuteten die Kolonialstaaten die Vorkommen weiter aus. Nach der Unabhängigkeit Naurus im Jahr 1968 ging der Abbau auf eigene Rechnung weiter. Der Staat bildete einen Kapitalfonds, aus dem jeder Inselbewohner hohe Anteile erhielt. Einen anderen Teil des Geldes investierte die Regierung in internationale Finanzgeschäfte, die am Ende aber erfolglos waren. Mitte der 1990er-Jahre waren die Phosphatvorräte zum größten Teil abgebaut. So fiel Nauru nach einer kurzen Phase des Reichtums wirtschaftlich auf den Status eines Entwicklungslands zurück (**mare** No. 19).

Für viele Staaten ist es heute wichtig, sich von den Exportnationen unabhängig zu machen", sagt Meeresbiologe von Bodungen. „Auf Kosten der Umwelt sollte das aber nicht gehen." Allerdings, betont er, macht der Abbau an Land durchaus auch Probleme. „Der Tagebau zerstört Landschaften. Und bei der Aufbereitung des Phosphatgesteins fallen viele Tonnen Phosphatgips an, der Schwermetalle enthält." In Marokko fließt der Gips über eine mehrere Kilometer lange Pipeline direkt ins Meer, anderswo wird er auf riesigen Halden gelagert. Für von Bodungen ist der Weg zu einem sparsamen Einsatz von Phosphat und einer umweltfreundlichen Gewinnung daher noch weit.

Die Lösungen aber liegen für ihn auf der Hand: weniger Fleisch essen, weniger Lebensmittel wegwerfen, Phosphate recyceln. „Von den Äckern fließen weltweit zehn Prozent des Phosphats ungenutzt ab. Hier könnten wir durch verbesserte Düngung viel erreichen." Im Grunde wissen die Forscher heute, was zu tun ist, damit die Menschen auch in vielen hundert Jahren noch ihre Felder düngen können.

Tim Schröder, Jahrgang 1970, freier Wissenschaftsjournalist in Oldenburg, erinnert sich noch gut an die Diskussion um das Verbot phosphathaltiger Waschmittel in den 1980er-Jahren. Ihn erstaunte, dass man erst jetzt über das Recycling von Phosphat im Abwasser nachdenkt.

Auf Idylle getrimmt

mare No. 114, Titel

„Das vermeintliche Paradies“ war nie ein Garten Eden, dieses Tal abseits des Massentourismus atmete bei meinem ersten Besuch vor mehr als 30 Jahren noch ein wenig gomerisch-kanarisches Leben. Vor zehn Jahren waren die Palmen und die Bananenplantagen des berühmten Tales bereits nur noch die Kulissen einer Scheinidylle, die der Tourismus vereinnahmt hatte. Mein diesjähriger dritter Besuch im Valle Gran Rey lässt mich zweifeln an der Besonderheit der Empfindungen der Nachkommen der „Aussteiger“, der jungen Menschen, die vor etlichen Jahren der westlichen Zivilisation den Rücken gekehrt haben und ihre Kinder hier haben aufwachsen lassen. Die „Revolution“ gegen das mitteleuropäische Bürgertum und seine Repressalien hat ihre Kinder längst entlassen. Jan Windszus' Fotos sind sehr ausschnitthaft und auf Idylle getrimmt, dass Leser, die das „Walle“ nicht gesehen haben, an paradiesische Zustände glauben können. Etwas mehr Objektivität wäre besser.

Hans-Werner Bertram, Hannover

Anklänge erahnt

mareverlag,
Stefan Moster: „Neringa“

Ich möchte mich bei Ihnen bedanken für die Stunden, die ich mit Ihrem Buch zubringen konnte. Ich weiß es sehr zu schätzen, wenn jemand die deutsche Sprache respektiert und virtuos und sorgfältig mit ihr umzugehen versteht. Wenn dann noch luzide Betrachtungen zu Leben und Gesellschaft dazukommen: Was will man mehr? Sehr gut beobachtet, finde ich, ist die Art, wie man sich „erinnert“ und wie real im eigenen Bewusstsein sich Vorstellungen bilden, damit das Narrativ des eigenen Lebens und der eigenen Geschichte geschlossen bleibt. Ich hoffe, im nächsten Buch zu erfahren, wie die Eltern des Icherzählers auf das Vorbild des „braven“ Jakob Flieder reagiert haben. Und ob sich Neringas Lebenssicht durchhalten lässt. Im Moment erahne ich mehr, als dass ich es rational begründen könnte, Anklänge an die Steppenwolf-Thematik. Aber vielleicht liegt es auch schlicht daran, dass es fast in jedem Buch um die Spannung zwischen der Einpassung in einen Kontext und der Selbstbehauptung gehen muss, schlicht, weil es eine der großen Lebensaufgaben ist.

Christian Eidloth, per E-Mail

Leider getrübt

mare No. 109,
„In aller Welt und nirgends zu Hause“

Für jemanden, der es gewohnt ist, die abenteuerlichsten Lebensdaten von Ludwig Marcuse in Buch- und sonstigen Veröffentlichungen abgedruckt vorzufinden, ist es leider keine Überraschung, auch in Ihrem Text fehlerhafte Lebensdaten zu bemerken. Ludwig Marcuse ist 1895 in Berlin geboren (und nicht 1905), und Sascha starb im Februar 1967 (nicht 1969). Er überlebte sie deshalb auch um knapp viereinhalb Jahre, aber seine tief empfundene Trauer um Sascha verschattete in der Tat seine letzten Jahre. So verdienstvoll es ist, in Ihrer Zeitschrift einen ausführlichen Titelbeitrag über Deutschlands (bekanntere) Emigranten aus Nazideutschland platziert zu haben, so schade ist es – nach so vielen Jahren –, immer noch so viele Fehler zu finden. Die Freude über das Statement zu Ludwig Marcuse war also leider getrübt. Trotzdem sage ich danke für diese Titelgeschichte.

Andreas Wozelka-Orth, Bensheim

Herr Wozelka-Orth hat mit jeder Silbe recht. In der Tat hatten wir eine fehlerhafte Quelle. Wir bitten um Entschuldigung für diesen Irrtum. Die Red.

Ausgeschnitten

mare No. 113,
„Der Abend der Kerzenesser“

Spontan hatte ich am Flughafen auf dem Weg in den Kuba-Urlaub als Reiselektüre zu Ihrem Magazin gegriffen. Der Bericht aus Kuba hat einen Blickwinkel, den ich besonders interessant finde und auch sonst nirgendwo gefunden habe. Nicht nur, dass ich viel gelernt habe aus der Schilderung der „heiligen Tage“ (Castro) der „Granma“ – Ihre Zustandsbeschreibung Kubas an der Schwelle zu einem neuen Zeitalter hat den Nagel auf den Kopf getroffen. Eine bessere, vor allem aber objektivere Analyse habe ich seit meiner Rückkehr trotz meines Informationshungers nicht gelesen. Dass darüber hinaus auch der ästhetische Genuss nicht zu kurz kam, scheint Ihnen ein Anliegen gewesen zu sein. Die Bilder von Joakim Eskildsen musste ich mir ausschneiden und aufhängen. Vielen Dank dafür.

Marianne Nättler, per E-Mail

Arbeit genießen

mare

Sie genießen Ihre Arbeit bei und mit mare hoffentlich ebenso wie ich als Abonnent der ersten Stunde die Lektüre der interessanten und exzellenten „Angebote“, wofür ich Ihnen Dank und Anerkennung ausspreche. Als Hamburger und jahrelanger Navigator/Nautiker der Marine habe ich meine enge Beziehung zum Meer nie verloren, deshalb lebe ich jetzt auch primär an der südandalusischen Atlantikküste. Ihnen allen wünsche ich eine gute und reiche Lebenszeit!

Johannes W. Zink, Conil de la Frontera (Spanien), per E-Mail

Wir freuen uns über Ihre Briefe, müssen uns aber Kürzungen vorbehalten.

mare Leserbriefe, Sandthorquaihof, Pickhuben 2, 20457 Hamburg, mare@mare.de, Fax +49/(0)40/369 859 99

Notizen einer Landratte, *37.*

In dieser Folge zeigt unser Kolumnist Maik Brandenburg Zuneigung für das thüringische T, plädiert für rücksichtsvolle Missachtung von Kapitänen zu Lande und prangert die Perfidie mancher Tourismusmanager an

Illustration: Pascal Cloëtta

WO DIE OSTSEEWELLEN DRECKEN AN DEN SSTRAND", singt Karl-Heinz und tut, als sei er beschäftigt. Er rührt im heißen Teer, mit dem er die Netze einpinseln will, die zwischen Mast und Bug hängen. Ein Räucherofen dampft, als wäre er der Schornstein und der kleine Kutter lege gleich ab.

„Das heißt aber nicht *drecken*, nich' wahr?" Vor Karl-Heinz steht ein Tourist. Schon wieder so ein Bescheidwisser, ein Aufseher des deutschen Kulturguts. „Es heißt *trecken*!" Triumphierend blickt der Mann hoch. Vom Bug oben wirkt er erst recht wie ein naseweiser Dreikäsehoch. Karl-Heinz haut den Pinsel in den Teer. Das gibt hundert Pro einen Eintrag von dem Typen auf der Website des Tourismusverbands, denkt Karl-Heinz, samt fünf wütenden Smileys. Scheiß drauf.

Natürlich weiß Karl-Heinz selbst, dass das *trecken* heißt. Aber, he, *drecken* passt doch, so viel Müll, wie die heiligen Wellen hier täglich anspülen. Und außerdem – er ist nun mal Thüringer! Schlimm genug, dass er als gelernter Agrochemiker den Fischkopp geben muss. Das sanfte thüringische T lässt er sich jedenfalls nicht nehmen, das T von Luther und Bach. Schon gar nicht von so einem Wortwart.

Fehlt nur, dass sich ein Rüganer im Hafen blicken lässt. Die rümpfen über den Quatsch mit dem Teer nur die Nasen. Netze sind heutzutage aus Plastik, die braucht man mit der braunen Brühe nicht zu schützen. Ist aber auch nicht so „pittoresk", wie der Chef das nennt. Karl-Heinz sieht über die Kais: Die Pizzabude in der alten Bordschlosserei hat schon die Sonnenschirme rausgestellt, am Rüstkai dümpelt das Museumsschiff, im Schaufenster der „Heimatstuww", wo früher mal der Parteisekretär des Fischkombinats saß, hängen Muscheln, Haischwänze und Perlen. Tolles Lokalkolorit, denkt Karl-Heinz, nur am falschen Längengrad.

Ein Mann mit weiten weißen Hosen geht am Kutter vorbei. Ein Tourist, was sonst, nur so einer zieht sich die „original Mönchguter Fischerbüx" an. Wahrscheinlich aus dem Museumsshop. Karl-Heinz schnauft durch. Ein alter Fischer kommt hier höchstens noch hin, um sich im Hafenbecken zu ertränken.

Karl-Heinz schiebt einen Priem aus der goldfarbenen Priemdose ein. Muss er dreimal die Stunde machen, die Dosen verhökert der verbandseigene Laden. Ekliges Zeug, aber er hat den Tabakflatsch gegen ein Lakritz ausgetauscht, merkt ja keiner. Wenigstens das hat er dem Fritzen vom Tourismusverband abgehandelt, einen Priem statt der Pfeife. Wegen dieses Jobs fängt er nicht wieder zu rauchen an. Nee, nicht für Mindestlohn.

„Sie sind perfekt!", hatte der Tourismuschef gejubelt. Mit seiner Wampe, dem hellgrauen Haar und vor allem mit dem Backenbart sehe er aus wie der echte Käpten Brass. Die Kapitänsmütze, die Pluderhose und das Fischerhemd kaufte der Hafenverein im Internet. Warum es aber ausgerechnet ein Friesenhemd wurde, konnte keiner genau sagen. Doch dem Chef war das egal. Der Chef kam aus Köln, der kann überall Karneval.

„Wir wollen gelebte Tradition", hatte der Jeck geflötet. Natürlich wisse er selbst, dass kaum noch ein hiesiger Fischer rausfährt. Die Lobby der großen Pötte in der EU, die Ansprüche der kleinen Fischer verscherbelt gegen „höhere Interessen" – „die Deutschen haben sich den Butterfisch vom Brot nehmen lassen, weiß ich doch". Aber das sei große Politik, sagte der Tourismuschef, er macht lokalen Tourismus. „Paris hat den Eiffelturm. Sie sind unser Wahrzeichen, Herr Schulzbach." Wahrzeichen. Helau.

„An der Ostseeküste, am plattdeutschen Strand …" Ein paar Urlauber zucken zusammen. So soll es sein, gelebte Tradition muss auch bemerkt werden. Er soll viel singen, dann achte man nicht so auf seinen Akzent. Und bei Fragen darf er den Maulfaulen geben, ein Platter redet eh nicht viel. „Klappe halten haben Sie als Ossi ja trainiert, was, Herr Schulzbach?" Zur Sicherheit soll er immer mal *bannich* in die Sätze streuen und *jo* und *Schiet ook*.

Karl-Heinz fällt der Pinsel in den Teereimer. „Verdammte Scheiße", ruft er, gar nicht „in character". Seine weiße Pluderhose dampft von heißen, schwarzen Flecken. Aber Karl-Heinz Schulzbach beruhigt sich schnell. Andere haben schließlich überhaupt keine Arbeit.

Er jedoch stellt immer noch was dar. Zurzeit einen Fischer.

Es ist so viel mehr als das Bildnis einer Frau. Sandro

Botticelli

hat der Venus eine Gestalt gegeben, die zum ewigen Sinnbild wurde. Eine Betrachtung im Detail

Von Hans-Joachim Müller

Sandro Botticelli, „Die Geburt der Venus", 1482–1485, Tempera auf Leinwand, 172,5 mal 278,5 Zentimeter, Galleria degli Uffizi, Florenz

Ihr goldblondes Haupthaar ist der Venus einzige Bekleidung. Der geflügelte Windgott Zephyr und die Nymphe Chloris pusten die Göttin über das Wasser

STOFF FÜR DICHTER

FAST VOLLSTÄNDIG NACKT." SAGT DER KUNSTEXPERTE. MAN WILL JA NICHT gleich widersprechen. Schon gar nicht einem so kundigen Botticelli-Deuter wie dem in Leipzig lehrenden Kunstgeschichtsprofessor Frank Zöllner. Aber nackter geht eigentlich nicht. Wenn man das meterlange goldblonde Haupthaar, das die Frau vor die Scham hält, nicht als Kleidung bezeichnet, hat sie in Tat und Wahrheit nichts an.

Frau Venus auf See. Ein, zwei Knoten, mehr nicht. Dass sie es aufrecht stehend auf dem nach innen gekrümmten Bug ihres Muschelgefährts bis ans Gestade geschafft hat, sollte als erstrangige seemännische Leistung gelten. Zumal sie von weit draußen kommt, wo die alten Götter ein ziemlich wüstes Schlachtfest veranstaltet haben. Hat doch Kronos seinem Vater Uranos das Gemächt abgesäbelt, worauf das stark inseminierte Meer zu schäumen anfing und Aphrodite, vulgo Venus, aus dem hochprozentigen Urflan geboren wurde. Vielleicht ist ja „geboren" nicht ganz richtig. Denn was aus der fluffigen Masse stieg, war gleich Frau mit allem Drum und Dran. Und so schön, dass ihr ein für alle Mal die unstrittige Kompetenz in Liebesdingen sicher war.

Ein Stoff für die Dichter. Die Homerischen Hymnen, Hesiod, Lukian, Lukrez, Ovid, Angelo Poliziano, der Hauslehrer der Medici, sie alle haben die mythische Herkunft der Liebe besungen und das arkadische Personal dazu kostümiert. Und jetzt, in der zweiten Hälfte des 15. Jahrhunderts, waren es nicht mehr nur die Poeten. Sandro Botticelli, der eigentlich Alessandro Filipepi hieß, hat die schönste Venus gemalt. Sie balanciert, genau besehen, mit dem linken Fuß auf der Muschelspitze, mit dem anderen Bein stützt sie sich nur ein wenig mit dem großen Zeh ab. Was ungemein elegant aussieht. Und da der Maler das schlechterdings nirgends studieren konnte, hat er es sich sehr fein ausgedacht.

Aber weil das Kunststück immer etwas rätselhaft erschien, haben die Bilderzähler auch immer etwas Rätselhaftes dazuerfunden. So hat Jacob Burckhardt, der große Kulturhistoriker des 19. Jahrhunderts, ganz genau sehen wollen, wie die Venus auf einer Muschel über die Flut schwebt. „Hierfür", schreibt er in seinem etwas trockenen Basler Historikerdeutsch, „studierte Sandro und brachte nicht bloß einen ganz schönen Akt, sondern auch einen höchst angenehmen, märchenhaften Eindruck hervor, der sich dem mythologischen unvermerkt substituiert."

Nun ist es ja keineswegs so, dass die Dame mitsamt ihrer Muschel schweben würde. Und Flut ist auch nicht. Eher ähnelt die Fortbewegungsart einer Frühform des Stand-up-Surfens, wobei der Vortrieb ganz offensichtlich mundgeblasen ist. Der geflügelte Westwindgott Zephyr und die Nymphe Chloris in seinen Armen pusten die Göttin über das Wasser. Da die beiden laut Dienstbeschreibung als Spezialisten für *tepore primaverile*, also Frühlingsgefühle, gelten, muss es eine überaus angenehme Reise gewesen sein, zumal unbekleidet und freihändig und über viele Seemeilen hinweg als Körpersegel dem befreundeten Odem ausgesetzt. Erst ganz zum Schluss, schon die Orangenbäume auf der Zielinsel Zypern vor Augen und in Erwartung der Touristenmillionen, die ihr in den

Florentiner Uffizien beim Anlanden zuschauen werden, legt die Göttin Arm und Hand über die Brust und greift mit der anderen ins wehende Haar und biegt sich einen kleinen Sichtschutz für unten zurecht. Aber da eilt auch schon eine Angestellte von der Marina her und hält einen roten Umhang, mit Gänseblümchen geschmückt, der Venus entgegen. Denn auf der Insel, wo sie alsbald die Liebesherr- oder -weibschaft übernehmen soll, läuft man nicht nackt herum. Jedenfalls nicht dauernd.

Die Kunstwissenschaft, die kein Detail auslässt, weil sie sonst keine Wissenschaft wäre, hat noch etwas entdeckt. Ein seltsames, botanisch bedenkliches Gewächs im linken unteren Bildeck. Frank Zöllner, neben dem Bochumer Kunsthistoriker Ulrich Rehm der wohl beste Botticelli-Kenner derzeit, hat die Art als Erster beschrieben. *Typha latifolia*, im Deutschen als „Lampenputzer" bekannt, ein Rohrkolbengras, das eigentlich dort nicht hingehört, weil es nur in und an Süßwassern gedeiht. Trotzdem hat sich der Maler für die Anpflanzung entschieden. Er muss es, da ist sich Zöllner sicher, der phallischen Fruchtstände zuliebe getan haben. Sie, die Rohrkolben, und „die Nacktheit der zentralen Figur machen aus der Ankunft der Venus ein Bild, dessen eindeutig erotischer Charakter von keinem Gemälde jener Zeit übertroffen wurde".

Eindeutig erotisch. Eindeutiges Urteil. Und, wenn es nach uns ginge, besteht auch keinerlei Revisionsbedarf. Dabei hat es Aby Warburg, der Klassiker unter den bedeutenden Kulturwissenschaftlern des 20. Jahrhunderts, in seiner materialreichen Studie zu den literarischen und bildnerischen Vorlagen der Venus mustergültig vorgemacht, wie man das Wort „erotisch" partout vermeidet. Andererseits: „Prüde" wäre nun auch nicht das Wort, das einem zu Botticellis schöner Einhandseglerin einfallen würde. Obschon in der Literatur immer wieder behauptet worden ist, dass sie in Haltung und Gestalt einem antiken Typus nachgebildet sei, der die Gattungsbezeichnung *Venus pudica* trägt.

Man müsste *Venus pudica* mit „schamhafte Venus" übersetzen, aber im Kern meint der gelehrte Terminus das schiere Gegenteil. Denn das legendäre Figurenmodell – wie bei Botticelli das linke Bein Stand-, das rechte Spielbein, Armhaltung quer über die Brust, die andere Hand vor der Scham – sorgte schon in der Antike für Skandale. Möglicherweise gehen all die marmornen Abkömmlinge auf eine Aphrodite-Urmutter zurück, die kein Geringerer als der honorige Bildhauer Praxiteles geschaffen hat. Schon damals im dritten vorchristlichen Jahrhundert sollen die Durchschnittsgriechen die Augen niedergeschlagen haben, als sie der untadelig Schönen begegnet sind. Zum ersten Mal in der Bildgeschichte stand eine nackte Frau in Lebensgröße auf dem Platz. Zum ersten Mal war ihre Nacktheit ohne alle Linderung durchs Ideal. Und wie sie ihre Nacktheit notdürftig schützt, das ist, als sei ihr der Grund für den voyeuristischen Aufruhr doch ein bisschen peinlich. ➢

SINNBILD DER EROTIK

Das linke Bein Stand-, das rechte Spielbein, diese überaus elegante Haltung nahm schon im dritten vorchristlichen Jahrhundert eine Statue der Liebesgöttin ein

In der nachchristlichen Antike war dann schnell Schluss mit dem Nacktherumstehen. Jahrhundertelang wird Eva die einzige unbekleidete Darstellerin sein. Und anders als bei der *Venus pudica* mit ihren gänzlich irdischen Verführungsqualitäten war die weibliche Blöße im Garten Eden derart mit Erbsünde belastet, dass sie, Feigenblatt hin, Feigenblatt her, gerade noch erträglich schien.

Es war dann tatsächlich Botticelli, der der Venus zu ihrer Wiedergeburt verhalf. Am Florentiner Hof der Medici geriet der Maler in eine Art Privatakademie, die wie keine zweite das Bildungsprofil der Frührenaissance bestimmen wird. Wer Rang und Namen hatte unter den Geistesheroen der Zeit, stand in Diensten des hochgebildeten Lorenzo il Magnifico. Man schwelgte in alten Texten, übersetzte die griechischen ins Lateinische, in die Lingua franca der intellektuellen Milieus des 15. Jahrhunderts. Man las Platon, las ihn anders, als ihn die Scholastik ausgelegt hatte, verstand seine Dialoge als Anleitung zum Verstandesgebrauch. Humanismus, das war neben der Aufklärung des 18. Jahrhunderts einer der gloriosesten Aufbrüche der Denkgeschichte. Mit Überschwang geradezu erinnerten sich die höfisch-bürgerlichen Eliten daran, dass es ja schon eine vorchristliche Ideen- und Kulturgeschichte gegeben hat. Und wie die Antike als neue Referenz neben die christliche Überlieferung trat und bald auch in produktive Konkurrenz zu ihr, das war wie Befreiung aus selbst verschuldeter Unmündigkeit.

Über viele Epochen war Eva die einzige unbekleidete Darstellerin der Kunst. Botticelli verhalf der Venus zur Wiedergeburt

In der Sammlung der Medici soll sich auch die hellenistische Marmorkopie einer *Venus pudica* befunden haben, die möglicherweise bei Grabungsarbeiten entdeckt worden war. Man hat sie sich wie ihre Schwester vorzustellen, die heute in den Kapitolinischen Museen in Rom verwahrt wird. In jedem Fall stand sie Botticelli Modell. Und als er sein knapp zwei auf drei Meter großes Bild fertig hatte, da harrte das Publikum mit der gleichen Mischung aus Faszination und Erschrecken vor der lebensgroßen nackten Frau, mit der die Leute der Praxiteles-Aphrodite auf den ausgestellten Körper starrten. Geburt der Venus, das ist Renaissance im Wortsinn. Und wenn es nur dieses eine Bild gäbe, es repräsentierte völlig zureichend das Selbstverständnis einer ganzen Epoche.

Nun muss man zur Entlastung von Maler, Auftraggeber und Venus sagen, dass sie ja ursprünglich nicht für ein Museum gedacht war. Man vergisst das leicht, wenn man aus dem Gedränge flüchtet, das sich tagaus, tagein vor der Muschelfrau in den Uffizien bildet. Es ist bis heute nicht geklärt, ob sie für das Stadtpalais der Medici oder für den Landsitz in Castello bestimmt war. Dort hing sie bis 1761. Zum ausschließlich privaten Gebrauch. Dass sie das andere Botticelli-Großbild, die nicht weniger berühmte Primavera, an ihrer Seite hatte, ist lange vermutet worden, wird aber heute ausgeschlossen.

Obschon Giorgio Vasari, der Renaissancebiograf, in seinem etwas gelangweilten Stück über Botticelli den Verdacht kolportiert hat: „In den Häusern der Stadt malte er verschiedene Rundbilder und eine ziemliche Anzahl nackter weiblicher Gestalten, wie

TYPUS DER UNSCHULD

davon noch heute zu Castello, der Villa des Herzogs Cosimo, zwei Bilder sich befinden: das eine die Geburt der Venus und die Lüfte und Winde, welche sie im Geleite der Liebesgötter der Erde zuführen; das andere Venus von den Grazien mit Blumen bekränzt, die den Frühling verkünden, alles sehr anmutig dargestellt."

Anmutig fürwahr. Anmutig ist ja auch die andere, die Frühlingsvenus. Allerdings ist sie bekleidet und sieht ein wenig aus, als hätte sie das Beste schon hinter sich. Neben ihr stellt Zephyr seiner Chloris nach, die sich unverzüglich in eine Flora verwandelt. Über allen zielt Cupido auf eine der drei Damen „Keuschheit", „Schönheit" und „Wollust", die sich beim Reigen nicht stören lassen. Und außen wacht Merkur mit Schwert und Medici-Wappen, dass alles sittsam bleibt. Zwei Veneres, die sich an einer Wand nicht recht vertrügen. Auch scheint die figurenreichere Szenerie doch von ganz anderer Natur als das Geschehen auf der Liebesinsel, wo es nur darum geht, dass endlich die kleine Muscheljolle mit ihrer kostbaren Galionsfigur anlegt.

Natürlich wollte man schon immer wissen, wer sich hinter der schönen Venusmaske verbirgt. Man hat gelegentlich an Simonetta Vespucci gedacht, die eine famose Muse der gehobenen Stände gewesen sein muss. Elegant, vornehm, umschwärmt, verheiratet, unnahbar, früh verstorben. Botticelli hat sie einmal porträtiert. Aber dass er sie als Venus enthüllt hat, ist eher unwahrscheinlich. Wie so manches in seinem Werk tragen auch die Gesichter formelhafte Züge. „Maske", es ist schon das zutreffende Wort. Und nur als Maske, als in ihren „anmutigen" Linien erstarrter Typus zeitloser Unschuld hat sie so lange überleben und die Künstler bis in die Gegenwart immer wieder inspirieren können, wie es die Ausstellung der Berliner Gemäldegalerie vorgeführt hat.

In Botticellis privatestem Werk, seinen zeichnerischen Illustrationen zu Dantes „Divina commedia", verwandelt sich die Venusmaske in das Beatrice-Antlitz. In zartester Einheit von Führerin, Mutter, Beschützerin und begehrter Frau erklärt sie die Wunder des Himmels und macht ein paar schwerelose Tanzschritte dazu. Und der Wind weht ihr durchs luftige Kleid wie draußen auf dem Stillwasser, als sie kein luftiges Kleid anhatte, als sie als Venus aus dem Meerschaum geboren wurde und sich vom Westwind treiben ließ. Und so steigt man mit Botticelli von der Hölle durchs Fegefeuer ins gleißende Paradies und steht mit ihm am Ufer der Liebesinsel. Und es ist immer dieselbe schöne Frau, die einen an die Hand nimmt. Und man denkt: Was wäre gewesen, wenn sie auf Zypern doch einmal die Regentschaft übernommen hätte? Es wäre nie zur Teilung gekommen. Aber das ist eine andere Geschichte.

Hans-Joachim Müller, geboren 1947, lebt in Freiburg und Süditalien. Er studierte Philosophie und Kunstgeschichte, war Mitarbeiter im Feuilleton der „Zeit", schreibt Kunstkritiken für die „Welt" und ist Textchef des Kunstmagazins „Blau". Wie die Venus segelt er am liebsten allein, ist ihr in den Buchten von Zypern aber noch nie begegnet.

Seine gigantische Installation „Traum der Venus“ wurde für den Künstler zum Albtraum. Auf der Weltausstellung 1939 in New York geriet Salvador

Dalí

zwischen die Fronten von Kunst und Kommerz. Aber selbst im Scheitern war er noch grandios

Text: Jens Rosteck

Fotos: Eric Schaal sowie Horst P. Horst und Murray Korman

OF

Vorhergehende Doppelseite **Der Eingang ins Reich der skandalösen Fantasien. Die Besucher betraten Salvador Dalís „Dream of Venus" durch ein Paar gespreizte Frauenbeine**

Oben **Ein typischer Dalí. Der Künstler bei der Arbeit an einem Wandgemälde im Inneren der Installation**

Rechte Seite **Die träumende Venus. Auf einer zehn Meter langen Satincouch räkelte sich ein barbusiges Modell, das die schlafende Göttin verkörpern sollte**

SOMMER 1939. WÄHREND DIE ZERRÜTTETEN NATIONEN IM ALTEN EUROPA auf den Beginn des Zweiten Weltkriegs zuschlittern, geht in New York, im eigens dafür geschaffenen Corona Park von Flushing Meadows, mit der World Fair, der internationalen Weltausstellung, eine Schau der Superlative über die Bühne. Mit futuristischen Ambitionen wird nicht gespart. Vollmundig kündigt man den „Anbruch eines neuen Tages", ja eine „Welt von morgen" an. „Alle Augen" sollen auf die Zukunft gerichtet sein, die „Frieden und Freiheit" verheißt. Rund 45 Millionen Menschen werden sich zwischen April und Oktober auf dem Gelände tummeln, das von zwei Wahrzeichen, einem Obelisken und einer gigantischen weißen Kugel, dominiert wird: Trylon und Perisphere. Geometrie ist Trumpf, Visionäre geben den Ton an. Von den bedeutenden Ländern jener Ära sind nur China und Nazideutschland nicht beteiligt.

Bahnbrechende Erfindungen und zivilisatorische Errungenschaften wie Fernsehen, Farbfotografie, Klimaanlagen und Nylon werden erstmals der Öffentlichkeit präsentiert. Man delektiert sich an Softeis, ebenfalls ein Novum, und macht Bekanntschaft mit Vorformen des Faxgeräts und der Geschirrspülmaschine. Albert Einstein und Präsident Roosevelt halten viel beachtete Ansprachen, und die Firma Westinghouse verstaut – vor den Augen staunender Zuschauer – in einer hermetisch verschlossenen Zeitkapsel, die erst 5000 Jahre später wieder geöffnet werden darf, Trivialitäten und Raritäten wie eine Packung Camel-Zigaretten, eine Mickymaus-Armbanduhr, eine Gillette-Rasierklinge und einen Originaltext von Thomas Mann.

Im Amusement Park wartet auf die Besucher eine weitere, höchst ungewöhnliche und sogar verstörende Attraktion. Der so umstrittene wie erfolgreiche Surrealist Salvador Dalí wird dort den Pavillon „Rêve de Vénus", „Traum der Venus", gestalten. Von Venus träumen und zugleich den Zeitgeist herausfordern: Wer, wenn nicht der Tausendsassa Dalí, den es binnen Kurzem aus dem katalanischen Fischerdorf Cadaqués ins Zentrum des avantgardistischen Paris katapultiert hat und dessen verblüffende Trompe-l'Œil-Gemälde und manieristische Fantasien keinen Kunstinteressierten gleichgültig lassen, wäre besser dafür geeignet, die schaumgeborene Göttin, die als Ursymbol alles Weiblichen der Brandung entsteigt, so aufregend wie möglich neu zu interpretieren? Völlige schöpferische Freiheit hat man dem skandalträchtigen Spanier dafür garantiert. Soeben hat der 35-Jährige, laut „Life"-Magazin „einer der jüngsten und reichsten Maler der

Lesen Sie bitte weiter auf Seite 94

Die Pressebilder zu „Dream of Venus“ wurden von namhaften Fotografen gemeinsam mit Dalí inszeniert. Rechts eine Aufnahme des legendären Modefotografen Horst P. Horst. Der Badeanzug war dem Modell auf den Leib gepinselt

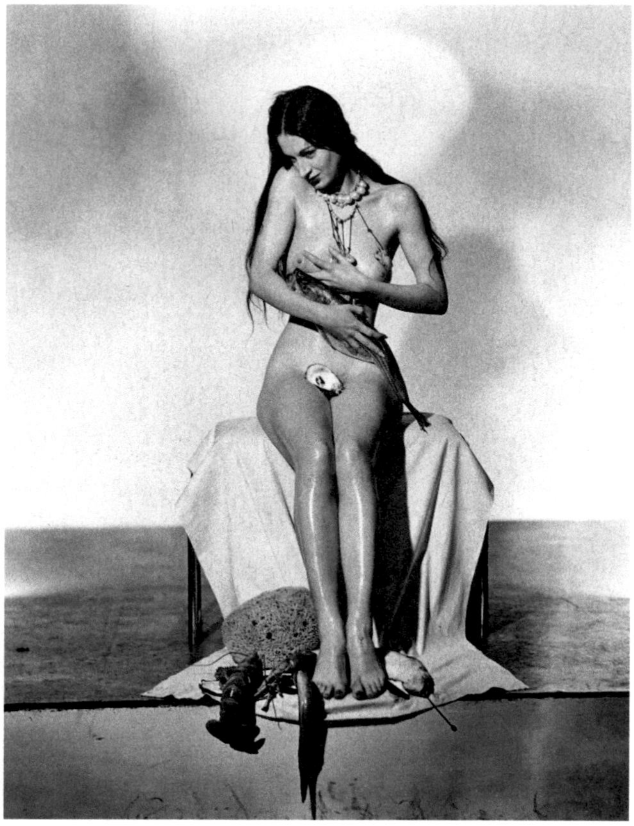

Eine Fotografie von Murray Korman, damals einer der gefragtesten Fotografen der New Yorker Kunst- und Kulturszene

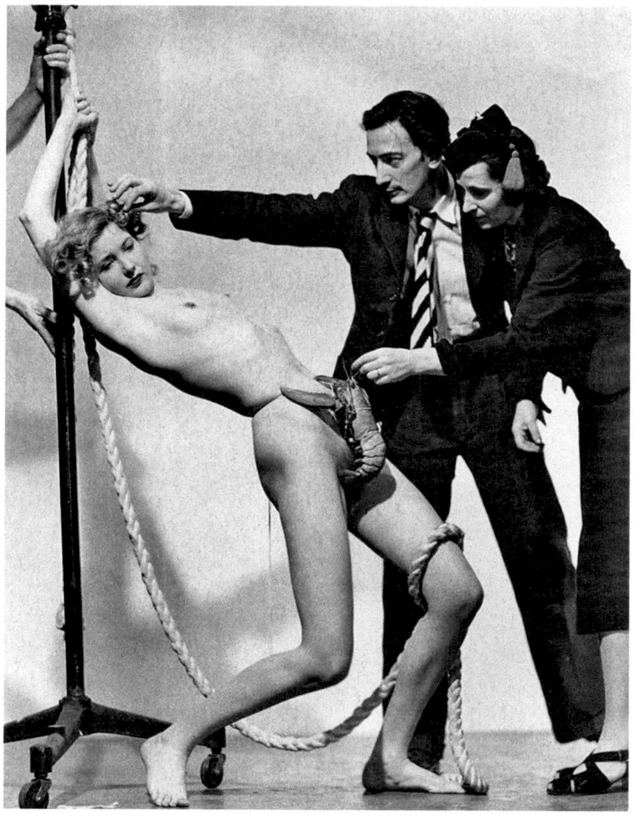

Dalí, Regisseur der perfekten Pose, zusammen mit seiner Frau Gala, ebenfalls fotografiert von Murray Korman

Welt", im New Yorker Kaufhaus Bonwit Teller in einer Aufsehen erregenden Aktion mit dem Leeren einer Badewanne eine Vitrine zerstört. Wenige Tage später, gleichfalls in Manhattan, veräußert er anlässlich seiner Einzelausstellung in der Julien Levy Gallery 21 Gemälde für Rekordsummen an Privatsammler. Tatkräftig unterstützt und beraten wird Dalí in New York von dem exzentrischen Mäzen und Surrealistenförderer Edward James, einem steinreichen britischen Dandy. Und damit nicht genug: Die Metropolitan Opera zeigt im selben Jahr das von Léonide Massine choreografierte Ballett „Bacchanale", für dessen Szenenanweisungen, Ausstattung und Kostüme Dalí verantwortlich zeichnet. Gleichzeitig kommt es im fernen Paris zum Bruch Dalís mit der Surrealistengruppe um André Breton. Dalí, dieser Virtuose, Erotomane und Bilderstürmer, ist in der Neuen Welt in aller Munde. Und bereits drei Jahre zuvor, im Dezember 1936, prangte das Konterfei des Hochbegabten auf der Titelseite des Newsmagazins „Time". Amerika darf gespannt auf den Iberer und seine Venus sein.

Mit seinem von einem Gummifabrikanten namens W. M. Gardner großzügig gesponserten Environment „Dream of Venus" gelingt dem Katalanen in den folgenden Wochen nicht mehr und nicht weniger als die erste Multimediaperformance der jüngeren Kunstgeschichte. Dalís Göttin hat es in sich: Durch den Eingang in Form gespreizter Frauenbeine betreten die Besucher, in geradezu freudianischer Manier, ein überwältigendes assoziatives Kaleidoskop. Hunderte schwarzer Regenschirme hängen wie Fledermäuse von den Decken herab. Klaustrophobisch enge Korridore öffnen sich zu überladenen Galerien, eine Schaufensterpuppe präsentiert sich mit Leopardenkopf; aus ihrem mit Scherben bedeckten Körper ragen Strohhalme heraus. Sollte diese Gestalt etwa der von Pfeilen durchbohrte heilige Sebastian im Gewand der Modernität sein? Zwei am Boden befestigte Männer werden an einer anderen Stelle des Environments sichtbar. Einer ist zur Gänze aus Tischtennisschlägern zusammengesetzt, der andere aus großen, eckigen Kettengliedern. Sobald die allgegenwärtigen Damen an ihnen vorbeigleiten, beginnen sie wie verrückt zu wackeln. Im Hintergrund bricht dazu der Vesuv aus und entlädt seinen Ascheregen auf Pompeji. An Bizarrerien herrscht kein Man-

Linke Seite Backstagepausen, leicht bekleidet. Damen in Korsagen und Netzstrümpfen führten die Besucher durch den Pavillon. Dalí entwarf alle Kostüme selbst

Unten Dalís Venustraum in einer fingierten Unterwasserwelt. Algen und Ketten waren aus Gummi und in steter Bewegung. 17 Schwimmerinnen spielten zwischendurch auf dem weiblichen Piano

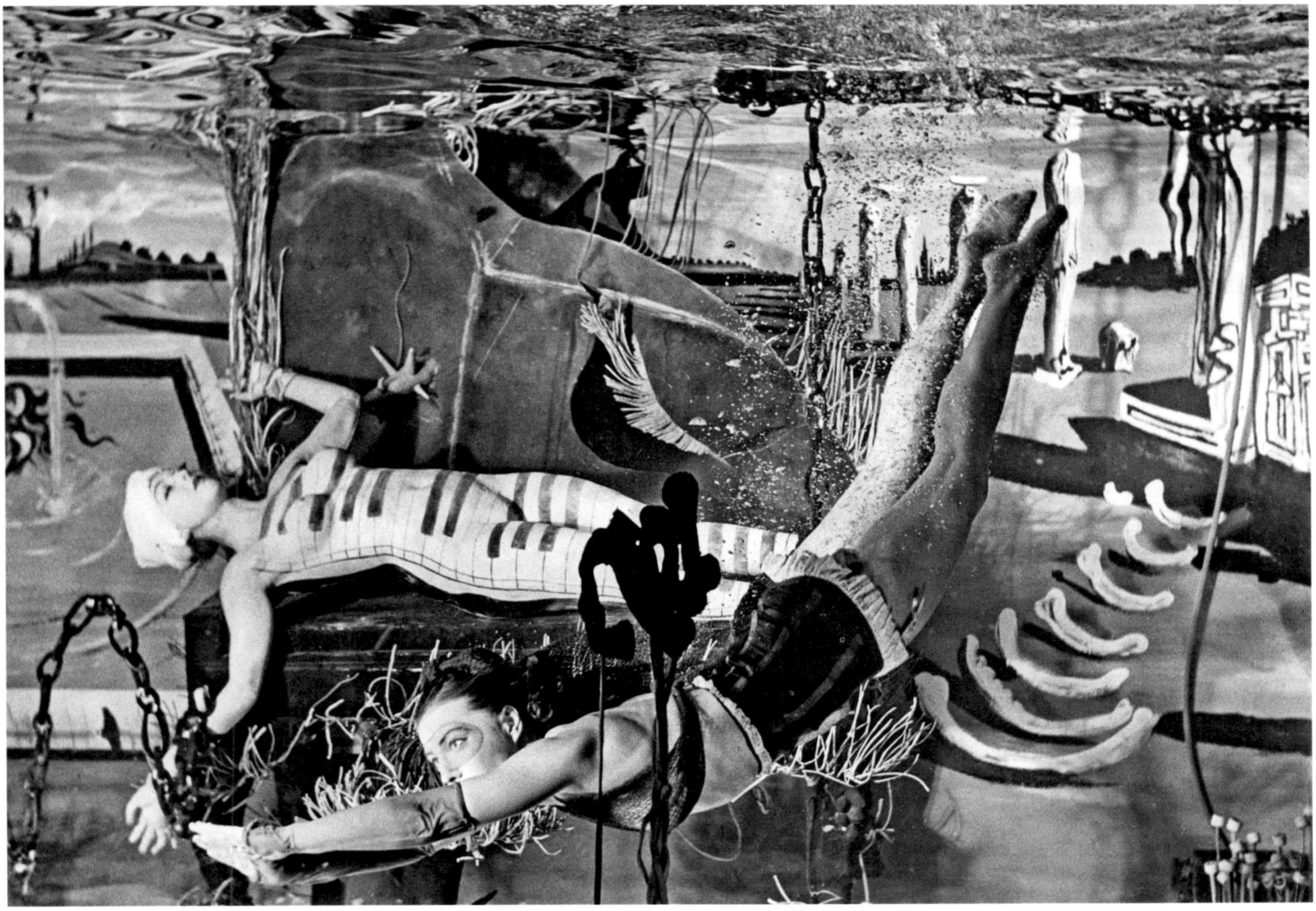

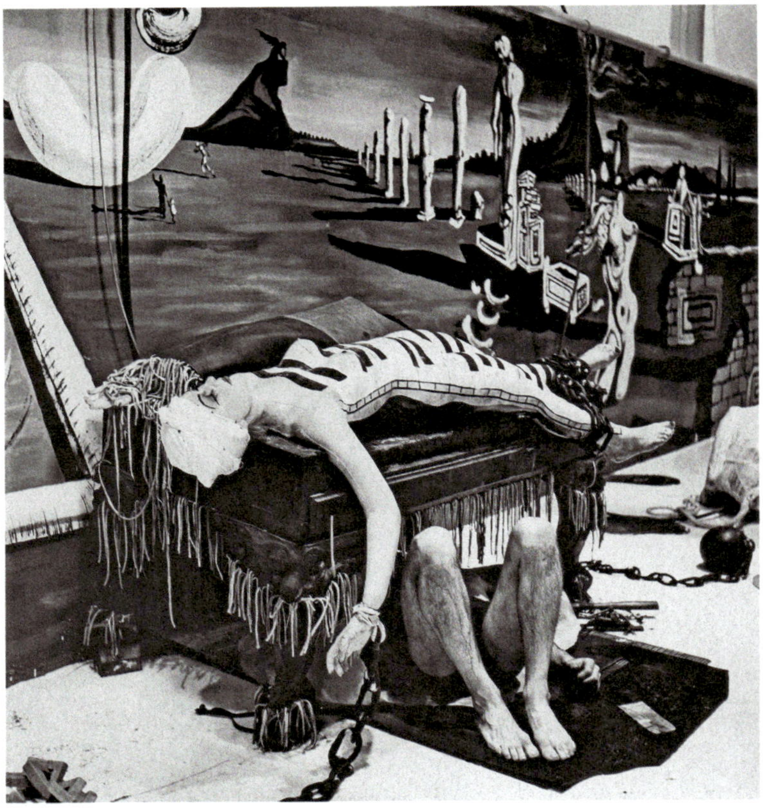

gel. Geschickt integriert Dalí kulturhistorische Anspielungen in sein Gesamtkunstwerk, das in ein „nasses" und ein „trockenes" Revier unterteilt ist. Er setzt kleine Katastrophen in Szene, begeht gezielte Tabubrüche, nimmt konventionelle Erwartungshaltungen aufs Korn. Und Venus selbst bettet er auf glühende Kohlen. Mit Nacktheit und Schockeffekten geizt er ebensowenig. In den „Bottoms of the Sea" erwarten den Gast nebst einer Unterwassereva von gigantischen Ausmaßen in vier „Dream"-Räumen Kombinationen von Malerei, Objekten sowie teils mit Wasser gefüllten, teils leeren Bassins. Dazwischen Dalí-„typische" weiche Uhren, Krücken und Kakteen, die Figur des Christoph Kolumbus, Leonardo-da-Vinci-Reproduktionen, Telefone und Kuheuter, leicht geschürzte Meermädchen, als Klaviere und Hummer verkleidete Damen und immer wieder Gummi, Gummi, Gummi. In den Pools räkeln sich die „liquid ladies" oder vereinen sich, als Go-go-Girls bei einem Meeresstriptease in einer aufreizenden „aquatic dance show".

Zunächst haben die Veranstalter Dalí das Recht zur Oberaufsicht eingeräumt. Nun bekommen sie, angesichts dieser Fülle von Unerhörtem, auf einmal Angst vor der eigenen Courage. Und werden wortbrüchig. Als sie ihrem Vertragspartner rundheraus verbieten wollen, außerhalb des Gebäudes eine Reproduktion der Venus von Botticelli aufzustellen, die statt ihres Frauenkopfs einen Fischkopf zur Schau trägt, ist Dalí sofort außer sich. Doch damit nicht genug der Provokationen seitens der Organisatoren: „Für meine schwimmenden Mädchen hatte ich Badeanzüge nach Ideen von Leonardo da Vinci entworfen. Stattdessen brachten sie mir dauernd Nixenanzüge mit Gummifischschwänzen! Ein Desaster!" Als er feststellen muss, dass seine Protestbriefe nichts fruchten und dass man allzu frivole Einzelheiten „verschleiert", schnappt er sich eine Schere und zerschneidet kurzerhand Dutzende von Objekten und Verkleidungen, die man ihm, gegen seinen erklärten Willen, aufzwingen will.

Aus dem Stand publiziert er, nachdem aus dem Pavillon „eine jämmerliche Karikatur seiner Entwürfe" zu werden scheint, sein Manifest „Unabhängigkeitserklärung der Fantasie und Erklärung der Rechte des Menschen auf seine Verrücktheit". Auf sein Geheiß werden aus einem Flugzeug, das über der Millionenstadt kreist, Unmengen von Flugblättern mit diesem Dokument der Entrüstung abgeworfen und regnen auf die Köpfe der World-Fair-Flaneure herab. Er setzt sich darin großspurig und publikumswirksam gegen Vertragsbruch und „Zensur", „Verzerrung" und „Karikatur" seines Projekts zur Wehr. Und

Linke Seite **Das lebende Piano im Entstehungsprozess der Installation. Viele der Darstellerinnen waren Laien, auf die Schnelle rekrutiert aus dem Umfeld der Organisatoren**

Unten **Dalí und seine Frau Gala im Kassenhäuschen des Pavillons**

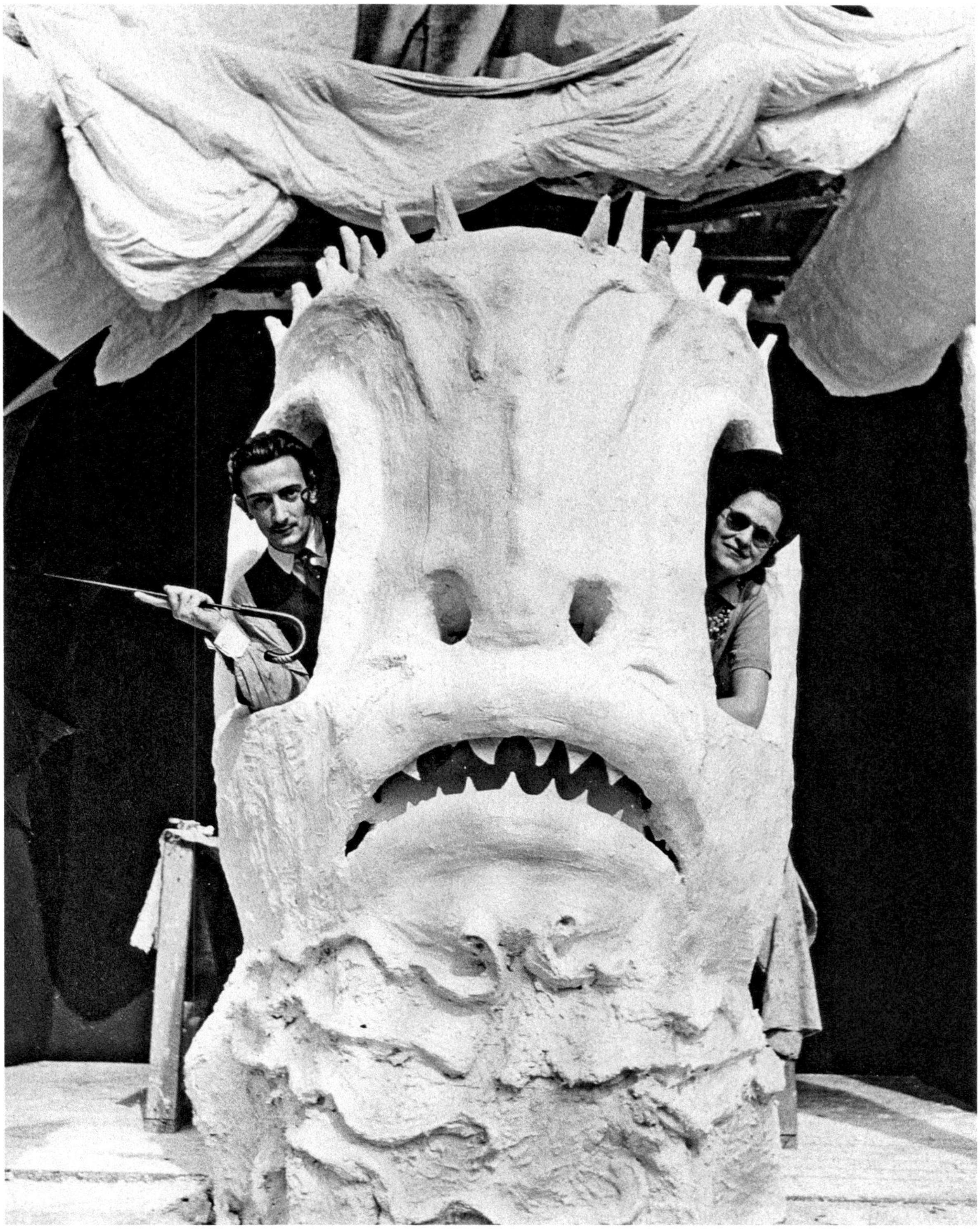

macht sich daran, alles zu vernichten, um die Auftraggeber zur Kapitulation zu zwingen. Dalí, erbost und aufgebracht, überwirft sich mit seinem Gönner Gardner, Dalí demoliert.

„Resigniert erklärten sie sich" – leider nur zum Schein – „mit allem einverstanden, was mein königlicher Wille ihnen befahl", erinnert sich der Künstler in seiner Autobiografie mit der für ihn üblichen Mischung aus Hybris, Ironie und Arroganz. Nun setzt jedoch ein, womit er nicht gerechnet hat: subtile Sabotage durch die Gummisponsoren. „Sie taten ‚ungefähr', was ich anordnete", dies aber „schlecht und arglistig". Ein Kleinkrieg bricht aus. Da ihm nichts mehr zu zertrümmern bleibt, trägt er sich mit dem Gedanken, den verunstalteten Pavillon anderweitig mutwillig zu zerstören – indem er ihn überfluten lässt. „Das wäre reizvoll gewesen, das hätte sich gut gemacht."

Die Presse hat noch vor der Eröffnung zu Recht Sensationen gewittert; es folgt denn auch Explosion auf Explosion. „An meiner Blässe und dem Ernst meiner Reaktion" sah seine Gefährtin Gala, „dass ich plötzlich gefährlich geworden war". Und mit einem Dalí, der verrückt zu spielen droht, ist, das wissen die New Yorker aus leidvoller Erfahrung, nicht zu spaßen. Relativ spät, zum Glück nicht zu spät, erkennt er, dass man ihn mitsamt seiner „verrückten" Genialität letztlich für kommerzielle Zwecke instrumentalisiert hat. Sein Name sollte „ziehen", Kreativität, Inhalte, gelebte Träume lagen nicht einmal vordergründig im Interesse der Auftraggeber. Seine Ideen hat man „in den Dreck gezogen", abgeschwächt, jugendfrei gemacht – und damit zerstört. Erotische Visionen sind auf der Strecke geblieben, Erregung ist verhindert worden, ein stimulierender sinnzerstörender „culture clash" ist nicht zustande gekommen. Die Vermählung von Kunst, Sexus, Mainstream, Massenunterhaltung und unternehmerischem Esprit ist vorerst gescheitert. „Vom ‚Traum der Venus' angeekelt", reist Dalí vorzeitig nach Europa ab, verärgert und frustriert, „sodass ich mein Werk nie vollendet sah".

Später sollte das selbst ernannte Genie zu allem Überfluss erfahren, dass die Gummilobby seine Abwesenheit genutzt hat, um „den Albtraum der Venus mit anonymen Schwänzen anonymer Nixen auszustatten", womit der letzte Rest an Authentischem, „das Wenige, was von Dalí geblieben war", entschärft und weich gespült worden ist – bis zur Unkenntlichkeit. Erhalten hat sich von den kuriosen Einrichtungsgegenständen und dem Dekor der pinkfarbenen Unterwassergrotte, an deren Fischkopfkasse Besucher ihre Eintrittskarten kauften, nach dem Abbau der Expo unverständlicherweise: nichts. Gottlob halten seinerzeit aber Avantgardefotografen wie Eric Schaal, Horst P. Horst, George Platt Lynes und Murray Korman alle wesentlichen Details fest. Ein Bilderrausch ohnegleichen. Noch heutzutage ist man verblüfft über dieses visuelle Feuerwerk.

Mag Dalí in weiten Teilen auch um die perfekt „verrückte" Realisierung seiner submarinen Installation gebracht worden sein – das Verdienst, die erste Unterwasser-Botticelli-Paraphrase mit „nudistischen" Elementen gewagt zu haben, kann ihm keiner mehr nehmen. Sein Manifest, das er in den New Yorker Himmel flattern ließ und in dem er gegen kleingeistige „kulturelle Zwischenhändler" wetterte, verstand er als eine geharnischte Kriegserklärung an Ignoranz und Kleinmut. Seine ureigene Venus kommt als ein vielgestaltiges, aus mehreren Frauenwesen zusammengesetztes erotisches Meerestier daher. Aus einer Traumwelt unter der Wasseroberfläche nähert es sich uns, allzeit zu ausgefallenen maritimen Beutezügen und Verführungsgesten bereit.

Jens Rosteck, Jahrgang 1962, promovierter Musikologe und Literaturwissenschaftler, schrieb für **mare** *schon über Henri Matisse, Eugène Boudin und Marguerite Duras. Demnächst erscheint im mareverlag nach „Mein Ibiza" seine Biografie über den Chansonnier und Schauspieler Jacques Brel, „Der Mann, der eine Insel war".*

Eric Schaal, 1905–1994, deutschstämmiger Fotograf, der 1936 nach New York emigrierte, arbeitete dort vor allem im Auftrag des Magazins „Life", für das er unzählige Persönlichkeiten und Künstler porträtierte. Er begleitete Dalí bei den Vorbereitungen zu „Dream of Venus" und dokumentierte die Installation bei einer exklusiven Vorbesichtigung. Seine Bilder sind die einzigen Eindrücke, die der Nachwelt von Dalís Kunstwerk in Aktion geblieben sind.

Die Göttin der Liebe – ein wahrer Genuss. Kenner mögen sie am liebsten heiß, scharf und ölig. Spaghetti alle

Vongole

sind ein Klassiker der neapolitanischen Küche. Obwohl die meisten Italiener vielleicht gar nicht wissen, dass die kleine Muschel im Deutschen auf den Vornamen Venus hört

Text: Manfred Kriener Fotos: Hans Hansen

Die geschlossenen Schalen bergen das helle Fleisch
wie Schmuck in einer Schatulle

DIREKT UNTER UNS SCHAUKELN die Fischerboote, so nah, man könnte gefahrlos hineinspringen. Es sind winzige Kutter, blau und weiß gestrichen, einige auch nur bessere Ruderboote mit Außenbordmotor. In einem sortieren zwei Männer den frischen Fang, er passt in eine Plastiktüte. Der Geruch von Salz, Tang und Meer steigt in die Nase. Vom Schiff bis zur Bratpfanne des Restaurants „La Vela" sind es kaum 20 Meter. Das Restaurant liegt am Fuß des Posillipo, einem Hügel südwestlich der Stadt, gut zwei Stunden Fußmarsch von Neapels Zentrum entfernt. Es geht in Serpentinen zum Meer hinunter, vorbei an Restaurants mit livrierten Kellnern, und ganz unten, wenn man glaubt, man habe sich verirrt und lande gleich im Wasser, liegt diese unprätentiöse Osteria.

Und jetzt steht dampfend eine Portion *Spaghetti alle vongole* vor uns, auf zwei Teller verteilt. Duft von Knoblauch, Olivenöl, Muschelsud, die geöffneten Schalen zeigen das helle Fleisch wie Schmuck in der Schatulle. Der Klassiker der italienischen Küche imponiert mit anmutigem Farbenspiel: die gelbe Nudel mit ihrem leicht öligen Glanz, dazu perlmuttfarbene Muschelschalen mit rosa Reflexen, die manchmal leicht ins Schwarze changieren und die natürlich mitserviert werden müssen. Dazwischen liegen rote und grüne Trümmer von Peperoncino und Petersilie, wie hingetupft aus frischer Farbpalette, und die fast unsichtbaren Knoblauchsplitter. Wer da keinen Appetit bekommt, der kriegt Zwieback und Kamillentee.

Neapel gilt als Ursprungsort dieses Gerichts, und das „La Vela" ist die schönste aller denkbaren Möglichkeiten, sich die Venus samt Spaghetti einzuverleiben. Dabei ist jetzt im Sommer, streng genommen, gar keine Muschelsaison. Doch die Regel von den Monaten mit R, in denen es erlaubt sei, Muscheln zu essen, ist ein Ernährungsmythos wie das Eisen im Spinat. Heute sorgt die geschlossene Kühlkette für ganzjährigen Muschelgenuss. Der Kenner isst seine *vongole* indes am liebsten im Februar. Das ist der beste Muschelmonat, weil *Chamelea gallina*, die am häufigsten für dieses Gericht verwendete Venus- oder Herzmuschel, Ende Februar ihre Bestform erreicht. Wissenschaftler sprechen dann vom „peak value" in Sachen „condition index". Sie meinen damit, dass die Muschel jetzt bei Analysen der Mineralien und anderen Inhaltsstoffe per Gaschromatograf mit hohen Werten punktet. Sie ist zu dieser Zeit besonders vital und gut im Futter und für die nun beginnende Laichzeit bestens gerüstet. Aber, fragt der stirnrunzelnde Ethiker, sollen wir die Muschel gerade dann verspeisen, wenn sie sich vermehren will? Außerdem sind doch *Spaghetti alle vongole* eine wunderbare Sommerspeise.

Jetzt hört man lautes Grummeln des traditionsbewussten Italieners aus der Küstenregion, denn dort wird das Gericht mit Vorliebe zu Weihnachten und Silvester gegessen. Das Kochen selbst ist übrigens kinderleicht, wie bei vielen italienischen Klassikern. Man muss sich nur entscheiden: *bianco* oder *rosso*, mit oder ohne Tomaten. Für Puristen ist die Antwort klar. Das feine nussige Aroma der Muschel kommt ohne Tomate besser zur Geltung.

Die Venusmuschel, die meist aus der Türkei, aus der italienischen Adria oder dem Nordostatlantik zu uns auf den Teller kommt, lebt im Meeressand und hat ihn auch reichlich im Gepäck. Also unbedingt abschrubben und entsanden! Dazu werden die Muscheln vor dem Kochen zwei Stunden in Salzwasser gesetzt, das man zweimal wechselt. Vor dem Kochen werden die Muscheln noch einmal gründlich abgeduscht, und das Muschelwasser vom Kochen wird durch ein Tuch gegossen, bevor es über die Nudeln schwappen darf.

Im Netz kursieren Hunderte Rezepte – mit Karotte, mit Zwiebel, mit einem Schuss Anislikör oder Zitronenabrieb. Man kann das alles machen. Aber das Ursprungsrezept ist mit seiner Eleganz der Einfachheit unschlagbar. Die wenigen Zutaten: Spaghetti, Muscheln, Olivenöl, Wasser, ein Achtelliter trockener Weißwein, ein bis zwei fein gehackte Knoblauchzehen, eine Handvoll gehackte Petersilie, einen klein geschnittenen Peperoncino. Basta.

Und so geht's: Die Spaghetti in Salzwasser kochen, gehackten Knoblauch und fein geschnittenen Peperoncino in Olivenöl anschwitzen, die *vongole* dazugeben, mit dem Weißwein ablöschen, eine halbe Kelle Nudelwasser dazu, fünf Minuten sanft im geschlossenen Topf köcheln lassen. Ungeöffnete Muscheln aussortieren, den Rest mitsamt der Sauce über die Nudeln geben und mit fein gehackter Petersilie bestreuen. Weißer Pfeffer nach Belieben.

Die wichtigsten Regeln beziehen sich nicht aufs Rezept, sondern auf die *vongole* selbst: Verwende keine offenen oder zerbrochenen Muscheln. Iss keine Muschel, die nach dem Kochen noch geschlossen ist. Koche die besonders empfindlichen, schnell verderbenden Schalentiere innerhalb von 24 Stunden nach dem Einkauf und – befreie sie gründlich vom Sand.

Jetzt gäbe es eigentlich noch ein Sonderlob vom Ernährungsberater. *Vongole* sind nämlich sehr gesund mit vielen Mineralstoffen, hohem Eiweißgehalt, mehrfach ungesättigten Fettsäuren und allerlei anderem Zusatznutzen. Nur: Immer wieder einmal sind sie auch richtig fett verseucht. Venusmuscheln filtern das Wasser, und dabei bleibt allerlei hängen. Mal sind es Algentoxine, also giftige Stoffwechselprodukte der Algen, mal Hepatitisviren. Der Großhändler Deutsche See holt seine Venusmuscheln, wie er **mare** gegenüber betont, wegen des Hepatitisrisikos der Adria nur noch aus dem Nordostatlantik. Das Risiko besteht allerdings vor allem für Zubereitungen mit gratinierten oder nur kurz übergrillten Muscheln. Bei *Spaghetti alle vongole* werden die Muscheln fünf Minuten im Sud richtig gekocht – dabei wird es dem Hepatitisvirus zu heiß.

Die Teller sind leer, draußen kreuzen weiß leuchtende Fähren, die Neapel mit Capri, Procida und Ischia verbinden. Wir bestellen als Hauptgang „von allem ein wenig", und schon stehen zehn kleine Schüsseln mit Meeresgetier auf dem Tisch. Wir schauen aufs Meer, und wenn es stimmt, dass das Auge mitisst, können sie hier sowieso alles servieren.

Autor Manfred Kriener war Chefredakteur des „Slow Food"-Magazins und des Umweltmagazins „zeozwei". Spaghetti isst er am liebsten nach Art des Admirals: mit Sardinen, Knoblauch, Peperoni und Olivenöl.
Hans Hansen, Jahrgang 1940, studierte Grafik in Düsseldorf und lebt als freier Fotograf in Hamburg. Für **mare** *hat er bereits Ölsardinen und Meeresschnecken ins perfekte Licht gesetzt.*

Gianfranco Rosi:
„Fuocoammare",
Weltkino, Italien/Frankreich, 2015,
108 Minuten, ab 28. Juli im Kino

Die Welt ist eine Insel

So viel mehr als eine Nachricht: Der Italiener Gianfranco Rosi hat mit einer Dokumentation über Lampedusa den Goldenen Bären gewonnen

AM ENDE HIESS ES UNISONO IN der Berichterstattung, es sei zwingend gewesen, diesen Film mit dem Hauptpreis der Berlinale, dem Goldenen Bären, auszuzeichnen. Ein Dokumentarfilm über Lampedusa, jene Insel im Mittelmeer, die schon seit über zwei Jahrzehnten mit dem Drama lebt, das Europa in den vergangenen Monaten nur scheinbar unversehens überkommen hat; ein „Flüchtlingsfilm", wie „Fuocoammare" salopp kategorisiert wurde, im Wettbewerb eines der wichtigsten und politischsten Filmfestivals der Welt, zu einer Zeit, in der die Nachrichtenlage sich täglich verschärft. Der Film des italienischen Regisseurs Gianfranco Rosi hat den Preis verdient, nicht den allzu einfachen Gedankengang dazu.

„Fuocoammare" ist keine Dokumentation, die Schreckensmeldungen verlängert und Betroffenheitseffekte sucht. Einen Kurzfilm wollte Rosi drehen, über das, was sich auf Lampedusa abspielt. Vor Ort sei ihm sofort klar gewesen, dass er länger bleiben muss. Es wurde mehr als ein Jahr daraus, in dem der Regisseur mit seiner Kamera der Insel von vielen Seiten sehr nahe kam. Er folgt Samuele, dem zwölfjährigen Fischersohn, der mit der Steinschleuder Kakteen metzelt und danach mit Klebeband wieder heilen will, dem schlecht wird auf dem Boot des Vaters und der auf schwankenden Pontons versucht, seine Seefestigkeit zu trainieren. Rosi filmt im Auffanglager, wo die ausgezehrten Ankömmlinge, in Isodecken gehüllt, niemals Ruhe finden. Er besucht den Moderator des Inselradios, der sentimentale Hörerwünsche der Insulanerinnen erfüllt.

„Fuocoammare" ist solch ein Wunschlied, es hat dem Film seinen Namen gegeben. Ein Schlager, der im Kontext der Gegenwart düstere Assoziationen weckt. Diese Überlagerung ist das Prinzip des Filmes. Die erbarmungslose Gleichzeitigkeit des Weltgeschehens auf einer 20 Quadratkilometer großen Insel, auf der nichts mehr harmlos erscheinen kann, sosehr man sich dem Schmunzeln hingeben will, wenn Samuele bei einem Arztbesuch den großen Mann mimt. Er hat Atemnot, der Inselarzt diagnostiziert Angst als Ursache, als würde er ganz Europa untersuchen.

Doktor Pietro Bartolo, der seit 1990, als die ersten Boote Lampedusa erreichten, für die Erstversorgung der Überlebenden und die Registrierung der Toten zuständig ist, dem das Flüchtlingsdrama zur Lebensaufgabe geworden ist, ohne dass er je eine Wahl gehabt hätte, ist der wahre Held des Filmes. Seine Momente sind jene, die einem den Hals zuschnüren, weil er mit einer Klarheit und Selbstverständlichkeit als Sprecher der Opfer auftritt, seine eigenen Albträume nährt, Journalisten berichtet, was er lieber vergessen würde. Aber er kann es nicht und will es nicht, die Welt soll die Tragödie sehen. Und jenes Inselvolk kennenlernen, das, wie Pietro Bartolo in Berlin erzählte, nun seit Jahrzehnten hilfsbereit und geduldig die Tragödie erlebt. „Ein Volk der Fischer", sagte Bartolo. „Es ist in ihren Genen. Alles, was aus dem Meer kommt, ist ihnen stets willkommen."

Martina Wimmer

Gianfranco Rosi, der ausgezeichnete Regisseur

Samuele Pucillo, zwölf Jahre, Sohn eines Fischers auf Lampedusa, Protagonist in „Fuocoammare"

Ulrike Ottinger:
„Chamissos Schatten. Eine Reise zur Beringsee in drei Kapiteln“,
Real Fiction, Deutschland, 2016, 709 Minuten in vier Teilen, ab 24. März im Kino

Ferne Gestade, befreiter Blick

Zwölf Stunden meditatives Reisen im Kinosessel. Regisseurin Ulrike Ottinger nimmt sich Zeit, um die Küsten der Beringsee zu erkunden

FETTSCHICHT FÜR FETTSCHICHT zerlegen Robbenjäger ihren Fang am Strand von Tschukotka. Das Herz des Tieres pulsiert noch, eine Frau schöpft mit einem Becher Blut aus dem klaffenden Leib und trinkt. „Unsere Köchin Katja ist eine Yupik. Sie liebt das Rohe, nicht das Gekochte“, sagt Regisseurin Ulrike Ottinger in ihrem alemannisch gefärbten Tonfall. Der lakonische Kommentar ist auch Anspielung auf einen ihrer großen Lehrer: den Ethnologen Claude Lévi-Strauss, dessen Vorlesungen sie im Paris der 1960er-Jahre hörte. Nahezu in Echtzeit zeigt Ottinger die Jagd in „Chamissos Schatten“, einem fast zwölf Stunden dauernden Epos über die Küsten- und Inselbewohner der Beringsee, das, auf der Berlinale uraufgeführt, in drei Kapiteln ins Kino kommt.

Von allen Fleischsorten, die später im Kessel brodeln, werfen die Jäger ein Stück in die See – Relikt eines Rituals, das sich über Jahrhunderte erhalten hat. Schon der Naturforscher Georg Wilhelm Steller, Teilnehmer der Expedition des dänischen Kapitäns Vitus Bering, beschrieb 1741 den Umgang der „Wilden“ mit den erlegten Tieren. Seine Berichte begleiteten Ottinger ebenso wie die Logbücher von Adelbert von Chamisso und James Cook.

Wie in ihrem gesamten Werk sucht die Regisseurin auch in dieser großen Erzählung „das Vergangene im Gegenwärtigen“, den Mythos im Alltag. Niemals spielt sie das Alte gegen das Neue aus, ihr Reisen gleicht einem Umherschweifen. Mit einem kleinen Team bewegte sie sich mehrere Monate von Alaska zu den Aleuten, von Tschukotka zur Wrangelinsel, von Kamtschatka zur Beringinsel, in ihren Worten dahin, „wohin der Wind, die Wellen, die Freundschaften mit Menschen uns leiten“. Ottingers Filme sind Einladungen zum meditativen Mitreisen, ohne künstlich erzeugte Spannung, der Ton besteht einzig aus vorhandenen Geräuschen. Man hat sie „poetische Ethnologin“ genannt – ein Begriff, der ihr gefallen dürfte, für jedes Werk fand sie eine eigene Sprache. In „Chamissos Schatten“ bleibt die von ihr geführte Kamera ruhig, meist arbeitet sie mit Stativ. So entstanden Tableaus von großer Wucht, aber auch Demut.

Leben im Fokus: Küstenbewohner der Beringsee

Bilder voller Wucht und Demut: Ottingers Filmreise verzichtet auf künstlich erzeugte Spannung

Wenn sie aus dem Bullauge ihrer Kajüte filmt, ist das immer auch Eingeständnis eines beschränkten Blickes. Niemals, heißt das, kann man die Welt in ihrer Gesamtheit erfassen, wie es die Kolonisatoren für sich beanspruchten. Ulrike Ottinger ortet die Verheerungen kolonialer Macht, ein Thema, das ihr Schaffen prägt. Auf den Aleuten ist es die Präsenz der US-Konsumkultur, an der asiatischen Küste der Beringsee waren es die Versuche der UdSSR, Sowjetmenschen zu formen. Nun, da die Yupik, Itelmenen, Ewenen und Tschuktschen kaum noch mit Konserven alimentiert werden, kehren sie zur traditionellen Subsistenzwirtschaft zurück.

Ottinger begleitet sie beim Fischen, Jagen, Rentierzüchten, hört ihren Erinnerungen und Gesängen zu. Am Strand verrotten die Hinterlassenschaften des untergegangenen Systems, rostige Fässer, Wracks, dazwischen die bleichen Rippen der Wale, aufgerichtet wie Grabstelen.

Christina Bylow

Ebba D. Drolshagen:
„Wie man sich allein auf See einen Zahn zieht",
Corso, Wiesbaden, 2015, 190 Seiten, 26,90 Euro

Testosteron im Wellental

Ein Herz für irrsinnige Seefahrer: Die Norwegerin Ebba D. Drolshagen erkundet, was bei Heldengeschichten zwischen den Zeilen steht

VIELLEICHT KANN NUR EINE FRAU mit jener Mischung aus ernster Bewunderung und spöttischem Augenzwinkern über Männer schreiben, die sich aufmachen, in winzigen Eierschalen den Ozean zu bezwingen. Die bärtigen Seefahrer selbst hätten von ihren Reisen wohl nur simple Heldengeschichten mitgebracht. Ebba D. Drolshagen aber hat ein ebenso humor- wie respektvolles Buch über den Sinn und Unsinn der Seefahrerei, wenn nicht des Lebens überhaupt verfasst.

Stellvertretend für all jene, die es nicht lassen können, das Schicksal auf See herauszufordern, erzählt sie von zehn Kapitänen, allesamt „Abenteurer, Dickköpfe, Besessene" und ihren oftmals wenig hochseetauglichen Schwimmkörpern: von Ole Brude etwa, der in seinem „Brude-Ei", einer Art eiserner, selbst konstruierter Rettungskapsel, in 152 Tagen den Atlantik überquerte (**mare** No. 86). Angeblich hatten er und die Besatzungsmitglieder sich die Zeit auf See aufs Angenehmste vertrieben. Doch die Autorin merkt an: „Das kann nicht die ganze Wahrheit gewesen sein" – nach ihrer Reise sprachen die Männer nie wieder ein Wort miteinander.

Sie erzählt von Tristan Jones, der noch im Sturm stets eine Hand für die Zigarette und fürs Whiskyglas frei hatte und zum Titicacasee auf 4000 Meter Höhe segeln wollte; von Ben Carlin, einem Automechaniker, der sich in den Kopf gesetzt hatte, mit einem Amphibienfahrzeug den Atlantik zu überqueren, das zu groß und zu klobig war, um zum Auto zu taugen, aber auch zu „klein und zu langsam", um ein Schiff zu sein; oder von John Ridgway und Chay Blyth, die 1966 beschlossen, die gleiche Strecke im Ruderboot zurückzulegen.

Wunderbar ist auch die Geschichte des Binnenschiffers Jewgeni Gwosjow, vielleicht einem der letzten Entdecker zur See, der 15 Jahre lang erfolglos um eine Ausreiseerlaubnis gebeten hatte, um „mehr Meer" und die Welt jenseits des sowjetischen Horizonts zu sehen. Erst die Perestroika ließ seinen Wunsch in Erfüllung gehen. Am 7. Juli 1992 stieß er, 58-jährig, mit einem fünf Meter langen Segelboot, drei Landkarten, ein paar Dosen Schweineschmalz und 100 Dollar in eine See, von der er bislang nur gehört hatte. Er sah Italien, Frankreich, Spanien, Griechenland und war „völlig begeistert".

Im Vorwort schreibt die Autorin, sie sei die weibliche „kopfschüttelnde Stimme der Vernunft", doch beweist sie bei den Erzählungen über die verrückten Seebären ein fast liebevolles Verständnis für ihre Helden. Nur Spott hat die Norwegerin für die „Extremsegler unserer Tage" übrig, die, „technisch hochgerüstet", losziehen und „genau wissen, worauf sie sich einlassen" – während Seefahrer früherer Zeiten für einen Traum ihr Leben riskierten.

Damit trotz der viel zitierten maritimen Besessenheit der Protagonisten dieses wunderbar geschriebenen und gestalteten Buches nicht der Eindruck entsteht, es handele sich lediglich um Draufgänger und Wahnsinnige, hat die Autorin jeder Geschichte Worte berühmter Fürsprecher des abenteuerlichen Lebens und Strebens vorangestellt: Arthur Schnitzler rät da „Lebe wild und gefährlich!", und Rainer Maria Rilke gibt der Lektüre noch olympische Gedanken bei: „Wer spricht von Siegen? Überstehen ist alles."

Hans W. Korfmann

António Lobo Antunes:
„Mitternacht zu sein ist nicht jedem gegeben",
aus dem Portugiesischen von Meralde Meyer-Minnemann, Luchterhand, München, 2015, 576 Seiten, 24,99 Euro

Gestrandet

Traurige Romanbilanz eines Lebens und des Landes Portugal

DREI TAGE IN EINEM FERIENHAUS an der portugiesischen Küste: Die namenlose Protagonistin hat hier als Kind ihre Sommerferien verbracht. Nun ist das Haus verkauft worden, sie ist gekommen, um sich zu verabschieden. Ein Wendepunkt im Leben der kinderlosen, geschiedenen Frau, die sich mit 52 Jahren am Ende ihres Daseins wähnt. Sie taumelt zwischen rückwärts gewandten Erinnerungen und ihrem Drang zum Selbstmord.

António Lobo Antunes, im Erstberuf Psychiater, außerdem Verfasser von rund 30 Romanen, interessiert sich vorrangig für die innere Verfassung seiner Figuren. Dialoge, Selbstgespräche, Beschreibungen mäandern durch den Text, der Schreibstil des Portugiesen fordert Geduld. Wer dranbleibt, begibt sich auf eine Reise ins Innere einer Frau und ihres Landes. Vermittelt wird ein Leben, von der Kindheit während der Salazar-Diktatur über die Jugend in der jungen Demokratie bis zur Reife in einem krisengeschüttelten Staat. Dazu kommen individuelle Dramen: Ein Bruder stürzt sich von den Klippen, ein anderer kehrt traumatisiert aus dem angolanischen Befreiungskrieg zurück, ein dritter ist taubstumm. Die verbitterte Mutter und der trinkende Vater sind überfordert und entlassen die Frau in ein Erwachsenenleben voller Einsamkeit und Hilflosigkeit.

Es braucht Stärke, um dem Abwärtssog des Romans standzuhalten. Zum Glück reicht Lobo Antunes seinen Lesern Strohhalme: eine authentische und gut übersetzte Sprache, fein skizzierte Szenarien, die wie Brisen durch die Zeilen ziehen. Sie retten uns vor dem Tod in den Wellen.

Brigitte Kramer

Wilfrid Lupano,
Grégory Panaccione:
„Ein Ozean der Liebe“,
Splitter, Bielefeld, 2016,
224 Seiten, 29,80 Euro

Das ganze Drama ohne Worte

Ein kleiner Fischer kämpft gegen Müllstrudel, Ölteppich und Piraterie in einer Bildergeschichte, bei der am Ende die Liebe über alles siegt

NACHT. INNEN. EIN KLEINER NACKTER Fischer unter der Dusche. Hinter dem Vorhang plötzlich ein Schatten. Doch diese Duschszene zitiert jene aus „Psycho“ froh und falsch. Denn in der Fischerkate an der bretonischen Steilküste wird nicht gemetzelt wie einst bei Hitchcock. Die üppige Fischersgattin ärgert sich im Bad bloß über die Unordnung ihres zarten, segelohrigen Fischers. So kommt in dieser französischen Graphic Novel nur der Duschvorhang zu Schaden. Mit einem Küsschen verabschieden sich die zwei dann vor Morgengrauen, ohne zu ahnen, dass seine Arbeit auf See die beiden auf lange Zeit trennen wird. Und ihn auf eine Bilderodyssee ohne Worte schickt, mitten durch die Themen aktueller Meeresprobleme.

Kaum ist der Fischer aus dem Hafen, wird sein Kutter gerammt – von einem gigantischen Fabrikschiff. Der eigene Fischfang dagegen resultiert in einem einzigen Winzling, eine der „Nahaufnahmen“ des Zeichners und Koloristen Grégory Panaccione: zurück mit dem Minifisch ins Meer. So viel zu leer gefischten Ozeanen.

Szenarist Wilfrid Lupano dreht den Stoff weiter ins Bedrohliche. Die Motorschraube des kleinen Fischerboots gerät ins Schleppnetz des Fabrikschiffs, der Kutter wird die Bordwand hinaufgezogen, der kleine Fischer bleibt verzweifelt im Riesennetz hängen. Ein Möwengeschwader, gierig nach Fischen im Nachbarnetz, zerhackt schließlich auch seines. Der Fischer wiederum befreit eine Möwe aus den Schlingen von Sixpack-Plastikringen. Gemeinsam überleben die beiden einen Müllstrudel, Übergriffe der Wasserschutzpolizei der Bahamas, postmoderne Piraterie und den Ölteppich eines Tankers. Den das Fischerchen aus Versehen explodieren lässt – ein Untergang wie in James Camerons „Titanic“.

Der unfreiwillige Held im „Ozean der Liebe“

In Parallelhandlungen emanzipiert sich die trauernde Fischersgattin zu einer Penelope mit Wagemut. Die Zeichen einer Marienstatue und einer Wahrsagerin weisen alle Richtung Kuba. Selbst die Umrisse einer angeknabberten Crêpe ähneln Che Guevara. So begibt sie sich, um ihren Fischer zu suchen, auf eine eigene Seereise und mit dem bitter Ersparten auf ein Kreuzfahrtschiff gen Havanna. Dessen miese Hummerköche und faule Poolnutzer sie ebenso umzuerziehen beginnt wie einige Kreuzfahrttage später auch Fidel Castro. Mitreißend bizarre Geschehnisse in den Ozeanen der Liebe, des Urlaubs, der Ölpest und der Müllstrudel.

Jutta Vahrson

J. Meade Falkner:
„Moonfleet“,
aus dem Englischen von
Michael Kleeberg,
Liebeskind, München, 2016,
352 Seiten, 24 Euro

Keine Schatzinsel

Düster, spannend, britisch: ein vergessener Abenteuerroman

„DRAUSSEN REGNET ES UND STÜRMT, drinnen prasselt das Kaminfeuer, man sitzt im Ohrensessel und taucht (mit einer Tasse Tee oder einem Glas Whisky) ins Abenteuer ein“ – so beschreibt Michael Kleeberg die Leseatmosphäre, die ihn bei der Übersetzung des Originals leitete.

England natürlich. Ein Küstenort im 18. Jahrhundert; ein Junge erzählt eine Geschichte um einen verborgenen Schatz. Wer jetzt sofort an Robert Louis Stevenson denkt, liegt falsch. Es geht um „Moonfleet“: einen Roman von J. Meade Falkner, erschienen 1898, in England ähnlich populär wie „Die Schatzinsel“, in Deutschland nahezu unbekannt. Dabei bringt „Moonfleet“ alles mit: die Schauer der See, finstere Helden sowie ein dunkles Geheimnis im Grab. In einem Schmugglernest, dessen Friedhof vom Geist des berüchtigten Colonel Mohune heimgesucht wird, entdeckt der 15-Jährige Waisenjunge John Trenchard zufällig die Familiengruft der Mohunes und darin den Hinweis zu einem verborgenen Schatz. Fast kommt John in der Gruft um, aber Schmuggler retten ihn, und Elzevir Block, Pächter der Kneipe „Why Not“, nimmt sich seiner an. Gemeinsam machen sich die beiden auf, den Schatz zu heben.

Und so beginnt das eigentliche Abenteuer, in dem beide immer wieder ihr Leben aufs Spiel setzen. Verfilmt wurde die Geschichte 1955 von Fritz Lang mit George Sanders und Stewart Granger. Nur um hierzulande gleich wieder in Vergessenheit zu geraten. Nun hat Liebeskind sie mithilfe von Michael Kleeberg aus der Gruft des Vergessens befreit.

Roland Brockmann

Museum für Kunst und Gewerbe Hamburg:
„Hamburg in den zwanziger Jahren. Ansichten und Visionen",
bis 30. Oktober 2016,
geöffnet Di–So 10–18 Uhr,
www.mkg-hamburg.de

Visionen der Vergangenheit

Kunstdokumente des Aufbruchs, Hafenbilder wie aus einem Zukunftsfilm. Eine Ausstellung zeigt Hamburg, erträumt in den 1920er-Jahren

DIESE GENERATION WAR NICHT ZU beneiden. Die Demokratie war kaum geboren, läutete sie schon ihren Rückzug ein, gejagt von Inflation, Depression, Reparationszahlungen und nationalistischen Schlägertrupps. Nur die Kultur bot Anlass zur Hoffnung. Selten war in allen Sparten so viel Aufbruch wie in den furiosen 1920er-Jahren. Vor allem die Architektur galt als Motor einer neuen Gesellschaft. Mit Ornament und eklektischem Stilprunk stand man nicht nur in der Bauhausschule auf Kriegsfuß. Der Fortschritt kam auch an der Elbe im Gewand des Purismus. Gerne mit einer Neigung zur futuristischen Ekstase, wenn man den Entwürfen glaubt, die das Hamburger Museum für Kunst und Gewerbe in seinem kompakten Blick auf sieben Positionen zeigt.

Da wäre etwa Max Gerntkes Entwurf einer „Stadt der Zukunft" von 1925. Den damals 30-Jährigen füllten offenbar weder die expressionistisch angehauchten Einfamilienhäuser aus, die er in den noblen Vororten zahlreich bauen durfte, noch die nach seinem Entwurf umgesetzte Version des Alsterpavillons. Auf bunten Kreidezeichnungen gab er sich wilden Fantasien hin, die mühelos als Set-Design-Entwürfe für Fritz Langs Filmklassiker „Metropolis" von 1927 durchgehen könnten.

Gigantische Wolkenkratzer ragen scheinbar aus dem Wasser, beleuchtet von sich kreuzenden Lichtkegeln. Die „Kosmische Form" strahlt in feurigen Tönen, eine Mischung aus gläsernem Raumschiff und Transformationsmaschine, während der „Entwurf für ein Denkmal" olympische Monumentalität verströmt, die auch in das nationalsozialistische Architekturideal passen könnte.

In ähnlich luftige Höhen drängt es den Bühnenbildner Karl Gröning. In seiner Grafikserie aus dem Mappenwerk „Aufbau" verbergen sich hinter den kubistischen Formen Hafenspeicher und Kornsilos, die sich wie Phönixe aus der Asche über dem Kränewald erheben. Optimistisch gibt sich auch Paul Helms. Der Deutschnationale Handlungsgehilfen-Verband, eine Gewerkschaft für Büroangestellte, beauftragte den Holzschnittkünstler mit der Dokumentation ihres zum damals höchsten Hamburger Hochhaus aufgestockten Domizils, das heute als Brahmskontor bekannt ist. Neben der Telefonzentrale und dem unkonventionell gestalteten Foyer wählt Helms die sechs nackten Bronzejünglinge als Motiv, die

Max Gerntke: „Stadt der Zukunft", um 1925

Willy Davidson: „Elbe", 1920, Lithografie

an der Fassade auf Kragsteinen übereinandergestapelt sind. Für derlei Reize hatte Willy Davidson nichts übrig. Dabei war er dem männlichen Geschlecht durchaus zugeneigt. Mit seinem Lebensgefährten funktionierte er die gemeinsame Wohnung in der Rothenbaumchaussee zum Avantgardetreffpunkt um. Auf seinen Lithografien aus der Mappe „Erde und Eisen" von 1920 strahlen anonyme Arbeitsstätten den unbedingten Willen zum Überleben aus – auch wenn diese zweckgebundenen Stadtansichten eher im Hier und Jetzt verharren als vorwärtsstreben.

Rolf Nesch, den die Nazis in die norwegische Migration vertreiben sollten, verlässt 1932 ganz der visionäre Mut. Sein Metalldruckzyklus „Hamburger Brücken" feiert zwar die tänzerischen Qualitäten der eisernen Ungetüme, lässt sie aber auch als Vorboten einer Welt in Auflösung in die Abstraktion zerfließen. Nicht weniger düster sind die Scherenschnitte von Georg Hempel. Vor den scharfen Spitzen seiner „Brückenbögen" sollte man sich in Acht nehmen und sich in die Reihe der Hafenarbeiter, die wie ferngesteuert in eine Halle strömen, lieber nicht einreihen. Der Traum von einer besseren Zukunft für alle ist hier bereits ausgeträumt.

Alexandra Wach

An dieser Stelle berichtet **mare** *regelmäßig über neue Bücher aus seinem Verlagsprogramm*

„Wir schliefen an Deck auf Matratzen"

Geboren in Hongkong, wohnhaft in Schottland, der neue Roman spielt auf einer Insel in Maine. Alice Greenway erklärt ihre Liebe zum Meer

Jim, der Protagonist Ihres neuen Romans, ist ein ehemaliger Ornithologe, der sich, inzwischen an den Rollstuhl gefesselt, auf eine Insel von Maine zurückzieht – um sich Alkohol und Einsamkeit hinzugeben. Ein eher verbitterter Mann. Wie kamen Sie auf diesen Charakter?
Die Figur basiert auf meinem Großvater – sozusagen das schwarze Schaf der Familie: schlecht gelaunt, aber brillant. Trinkend und rauchend, obwohl er deshalb bereits ein Bein verloren hatte. Andererseits konnte er sehr unterhaltsam und großzügig gegenüber denen sein, die er mochte. Wie wurde er so? Das war die Hauptfrage meines Buches.

Im Roman konfrontieren Sie Jim mit Cadillac, der Tochter seines alten Freundes von den Salomoninseln: eine ungeschminkte junge Frau, die mit einem Speer einen Fisch fangen kann. Bald gewinnt sie die die Herzen der Insulaner …
Ein fiktionaler Charakter, der ursprünglich gar nicht vorgesehen war. Es sollte um Jims Beziehung zu seinem Mentor gehen. Aber dann drängte Cadillac in die Geschichte und übernahm das Geschehen.

Steht die dunkelhäutige Cadillac für einen anderen Blick auf das Leben?
Ja, letztlich geht es in dem Buch um unsere unterschiedlichen kulturellen Einstellungen und Rituale rund um Krieg und Tod. Eigentlich wollte ich das gar nicht, konnte dann aber nicht anders, als in Jim einen Mann zu sehen, der, wenn auch in extremem Reichtum geboren, mit all den Chancen, am Ende alles zerstört. Während Cadillac, die nur mit einem Koffer in die Welt schreitet, aufwärtsstrebt. Ich wurde das Gefühl nicht los, dass sich hier auch ein Gleichgewicht der Kräfte spiegelt.

Obwohl Sie Krieg nicht direkt erlebt haben, spielt das Thema in Ihren beiden Büchern eine wichtige Rolle.
Mich interessiert, wie es ist, zur Generation nach dem Krieg zu gehören. Cadillac wächst auf einer Insel im Pazifik auf, die die meisten nur als Fußnote der Geschichte kennen – als Schlachtfeld im Zweiten Weltkrieg. Sie schwimmt durch die Wracks von Schiffen, längst mutiert zu Korallenriffen, taucht hinab zu alten Geschützstellungen, liegt am unteren Rand der Bombenkrater, in den Himmel blickend.

Ein anderes großes Thema Ihrer Bücher ist das Meer …

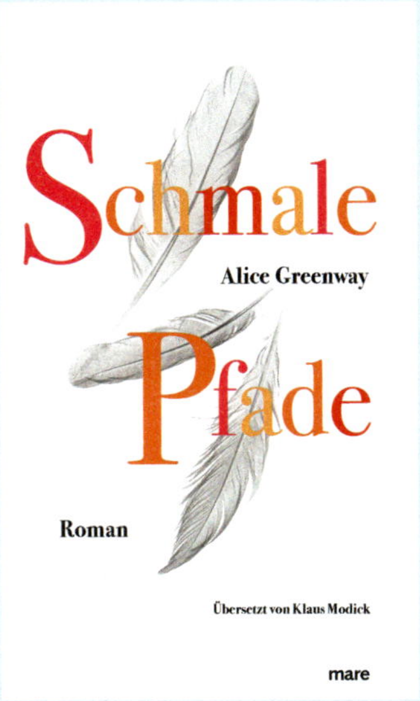

Alice Greenway:
„Schmale Pfade",
368 Seiten, 22 Euro

Seit meiner Kindheit bin ich jemand, der nie eine Gelegenheit auslassen wird, an Bord eines Bootes zu gehen oder ins Wasser zu springen. Und wenn es die kalten Gewässer von Maine sind oder von Schottland, wo ich inzwischen lebe.

Aufgewachsen sind Sie in Hongkong. Ihr Vater war Auslandskorrespondent, berichtete damals über den Vietnamkrieg – der Hintergrund für Ihren ersten Roman. Wie erlebten Sie selbst diese Zeit?
Als Kind fühlte sich Hongkong für uns Amerikaner altmodisch an – was heute natürlich ganz anders ist. Damals charterten meine Eltern manchmal eine Dschunke, die „The Sea Dragon" hieß; wir segelten, ankerten an Stränden, schliefen an Deck auf Matratzen – magische Zeiten mit viel Freiheit. Später dann, als wir in die USA zurückgekehrt waren, verbrachten wir die Sommer auf einer Insel in Maine. Das ist der Hintergrund des zweiten Buches.

Stammen daher Ihre intensiven Beschreibungen des Insellebens?
Ja. Mir war das anfangs gar nicht so klar. Aber fast jede Szene von „Schmale Pfade" spielt auf einer Insel: die, auf der Jim lebt, die Salomonen, Cumberland Island in Georgia und natürlich New York. Jim entwickelt sogar eine eigene Theorie vom wahren Ort der „Schatzinsel".

Worin liegt die Faszination von Inseln?
Vielleicht, weil sie uns der See näher bringen? Weil sie zu schwimmen scheinen, wie ein Stern im Raum? Oder liegt es einfach am höheren Sauerstoffgehalt in der Luft? Dem Salz auf unserer Haut? Oder ist es die Art, wie das Meer unsere Gefühle spiegelt? Das kann unheimlich sein und überwältigend oder herrlich ruhig.

Das Gespräch führte Roland Brockmann

Emma Hooper:
„Etta und Otto und Russell und James“,
aus dem Englischen von Michaela Grabinger, Droemer, München, 2015, 336 Seiten, 19,99 Euro

Alle Wege führen zum Strand?

Ein reicher Roman mit klarer Zielführung: Die Heldin wandert durch Kanada Richtung Küste, entlang der Höhen und Tiefen des Daseins

DAS MEER KOMMT IN DIESEM BUCH kaum vor. Auf 332 von 333 Seiten bewegt sich Etta auf staubigen Straßen durch die endlosen Maisfelder. Dennoch ist es ein Buch über das Meer. Denn je länger der Leser mit Etta durch die kanadische Weite wandert, je größer wird auch für ihn die Sehnsucht nach der Küste. Trotz der Monotonie der Landschaft, die das wortkarge Personal des Romans zu prägen scheint, strotzt diese Geschichte von Virtuosität. Immer wieder bricht die schreibende Musikerin Emma Hooper mit dem dumpfen, betörenden Duktus ihrer Erzählung, reiht mit wunderbarer Leichtigkeit Bilder und Szenen aneinander, wechselt die Perspektiven, ohne je die Orientierung zu verlieren oder den Leser zu weit vom goldenen Faden abkommen zu lassen.

Wie viele Erzählmöglichkeiten die Virtuosin besitzt, wie viele andere Geschichten sich beim Schreiben anbieten, wird im achten Kapitel deutlich, wo Hooper plötzlich Lust hat, den Roman noch einmal von vorne zu beginnen: Da sieht ein Fotograf aus einem Flugzeug „über der sich am flachsten und längsten hinziehenden Gegend, die er kannte“, eine Frau „voller Staub und Sonne“, mit „flatterndem Haar, begleitet von einem nebenher trottenden, die Schnauze dicht übers Gras haltenden Kojoten. Nun sieh dir das an! sagte er. Und weil er auf derartige Ereignisse stets vorbereitet war, hob er die Kamera, die wie immer um seinen Hals hing, und schoss ein Foto“. Das wäre ein guter Anfang für den Roman, denn als der Fotograf dem Chefredakteur das Foto zeigt, fragt der: „Und welche Story steckt dahinter?“

Doch Emma Hooper hat ihren Roman schon 118 Seiten früher mit einem Abschiedsbrief beginnen lassen, den Etta ihrem Mann Otto hinterlässt: „Ich bin weggegangen. Ich habe noch nie das Meer gesehen und habe mich nun auf den Weg gemacht. Keine Sorge, den Laster lasse ich da. Ich gehe zu Fuß. Und ich werde versuchen, das Heimkommen nicht zu vergessen.“ Doch das Meer ist 3000 Kilometer entfernt, und Etta ist 83 Jahre alt. Allmählich stellt sich heraus, dass es in diesem langen Leben zwischen den Feldern mehr gab als nur Otto, der ihr aus dem Krieg so schöne Briefe schrieb und angesichts des Meeres vor Schreck und Elend über Nacht weiße Haare bekam: dass da Kinder waren, Tiere. Und Russell.

Hoopers Geschichte ist die eines unentwirrbaren, untrennbaren Geflechts von Beziehungen und Schicksalen, dessen Charaktere am Ende die Konturen verlieren und in einer großen menschlichen Umarmung verschmelzen. Sie scheut sich dabei nicht, das unsterbliche Thema der Literatur aufzugreifen. Aber sie braucht nur wenige Worte, es reichen vier Zeilen, um jenen großen Moment zu schildern, an dem sie sich gegenüberstehen: Otto, der aus dem Krieg kommt, und Etta. Natürlich hat sich der Leser an dieser Stelle längst in Etta verliebt, und bis zum Schluss quält ihn die Frage, ob sie das Meer erreichen wird. Wie es aussehen wird. Ob sie heimkehren wird.

Dieser Roman hat alle Zutaten, die ein Roman braucht: die Liebe, den Tod, das Geheimnis, das Abenteuer. Und natürlich, ganz am Ende des nie abbrechenden Spannungsbogens, das, was in keinem wirklich guten Roman fehlen darf: das Meer.

Hans W. Korfmann

William Grill:
„Shackletons Reise“,
aus dem Englischen von Harald Stadler, NordSüd, Zürich, 2015, 80 Seiten, 19,99 Euro

Wahre Entdeckung

Die Endurance-Expedition als Bilderbuch: Schön wie Breitwand

KANN MAN DIE GESCHICHTE EINES Polarforschers Kindern besser nahebringen als mit der Erwähnung, dass jener Ernest Shackleton sich von klein auf über seine Lehrer beschwerte, gleichwohl aber Bücher liebte? Das Buch jedenfalls, das so beginnt und Shackletons Expedition von 1914 bis 1917 gewidmet ist, zu der er mit der „Endurance“, 26 Mann Besatzung und 99 Hunden aufbrach, um als Erster den antarktischen Kontinent zu durchqueren, muss man lieben. Nicht nur wegen der leisen, lakonischen Details in der Erzählung, die ernsthaft, akkurat und mit wenigen Worten überaus spannend von der dramatischen Reise durch das Packeis berichtet. Sondern vor allem wegen der Zeichnungen des britischen Illustrators und Autors William Grill, der mit Buntstiften eine fein gestrichene Bilderwelt erschafft, die ganz leicht daherkommt und einen dennoch ins Geschehen zieht, als säße man im Kino vor der Breitleinwand.

Ebenso filmisch wechseln Nahaufnahme und Totale. Jedes Mannschaftsmitglied bekommt eine eigene Zeichnung, ebenso Ausrüstungsgegenstände, Elemente des Schiffsbaus, sogar alle Hunde sind illustriert und namentlich genannt. Sturm, Seenot, Eiswüste aber brechen flächig in die Dramaturgie ein, dass einem beim Umblättern der Atem stockt.

William Grill hat seinem Landsmann mit „Shackletons Reise“ ein Denkmal gesetzt, das den Mut, die Entschlossenheit und auch den störrischen Humor, der die kernigen Kerle von damals offenbar nie verlassen hat, ergreifender erzählt als jeder aufwendig produzierte Actionfilm.

Martina Wimmer

Tom Cooper:
„Das zerstörte Leben des Wes Trench“,
aus dem Amerikanischen von Peter Torberg, Ullstein, Berlin, 2016, 384 Seiten, 22 Euro

Sumpfblüten und schnelles Geld

Die späten Folgen der Ölkatastrophe im Golf von Mexiko liefern den Hintergrund für einen so rasanten wie lebensnahen Debütroman

„WES WOLLTE WIRKLICH SHRIMPFÄNger werden, mit seinem eigenen Boot und seiner eigenen Firma. Sein Vater hatte sich mit 18 sein eigenes Boot gebaut und mit 20 seine eigene Crew von drei Mann gehabt. Wes' Plan war, eine neue Art von Shrimpunternehmen zu gründen, sobald er sein eigenes Boot gebaut hatte.“ So stellt Tom Cooper den Protagonisten seines Debütromans vor.

Der 17-jährige Wes träumt von einem Shrimpgeschäft ohne Zwischenhändler, bei dem er seinen Fang direkt vom Boot an Touristen und Restaurantbesitzer verkauft, das ihnen durch Werbung via Twitter und Facebook schmackhaft gemacht werden soll. Doch nach der Explosion der Ölplattform „Deepwater Horizon“ will kein Mensch mehr Meeresfrüchte aus dem Bayou am Golf von Mexiko essen – zu viele Berichte über Ölteppiche und Chemikalien, über Fischsterben und sich ausbreitende Krankheiten. Aus dem Big Easy von New Orleans ist Big Empty geworden, und auch die Shrimpfischerei geht den Bach herunter. Wes' Traum scheint ausgeträumt, so wie die Träume seines Vaters und seiner Nachbarn in dem kleinen Fischernest Jeanette an der Barataria Bay.

Tom Cooper, bislang Kurzgeschichtenautor mit Wahlheimat New Orleans, beschreibt atmosphärisch dicht und kenntnisreich die Arbeit auf den Fischerbooten und die Resignation ihrer Besitzer, deren Fangerträge nicht einmal mehr für Diesel und Heuer ausreichen. Zwischen billigen Kneipen, Stripclubs und Casinos blüht als letzte Orchidee über den Sümpfen der Traum vom schnellen Geld. Coopers Figuren jagen ihm auf unterschiedliche Weise nach: die Brüder Toup mit ihrer Marihuanaplantage auf einer abgelegenen Düneninsel, die beiden Ganoven Cosgrove und Hanson, die das Gras stehlen und verhökern wollen, der alte Fischer Lindquist, der seit Jahren nach dem sagenhaften Schatz des Piraten Jean Lafitte sucht, und der junge Brady Grimes, der als Mitarbeiter eines Ölkonzerns klagenden Familien ihre Rechtsansprüche mit billigen Vergleichszahlungen abkauft und dafür Provision kassiert.

Cooper führt seine lakonisch wie einprägsam gezeichneten Figuren mit perfektem Timing zusammen und einem bizarren Showdown entgegen. Es gelingt ihm aber auch, die Auswirkung der Umweltzerstörung als soziale Katastrophe deutlich werden zu lassen: Aus der Existenzangst, die mit Whisky und Tabletten betäubt wird, brechen Haß und Gewalt auf, die sich nicht gegen die Verursacher, sondern gegen die Opfer richten.

Ein Blues wie von Mississippi Moaner, ein Buch wie für die Coen Brothers. Trotz korrupter Polizisten und Politiker, trotz zynischer Geschäftsleute und einer ausgebrannten Gemeinde kämpft Wes Trench auch nach dem Tod seiner Mutter um seinen Traum und wird schließlich belohnt. Er baut sein lange vernachlässigtes Boot fertig, und seine Nachbarn tragen es auf ihren Schultern zum Anleger. Ein Hollywoodfinale, das angesichts der Realität um den Golf von New Orleans so amerikanisch endet wie ein Song von Hank Williams: „Son of a gun, we have big fun on the Bayou.“ Und trotzdem wünscht man Wes Trench, dass sein Traum wahr werden möge.

Holger Teschke

Im Netz

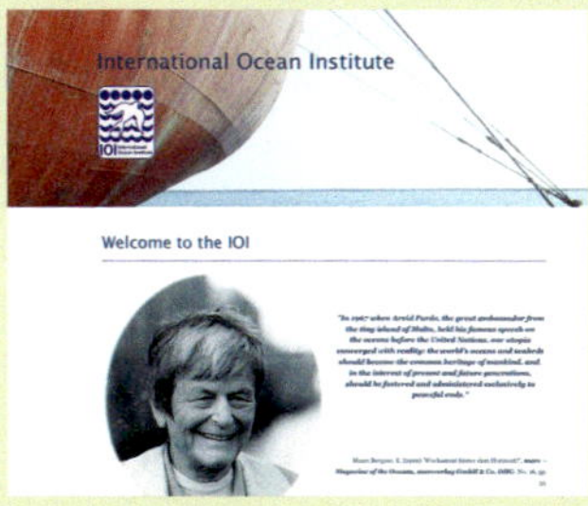

www.ioinst.org

Vermächtnis der Meeresschützerin

1972 wurde das „International Ocean Institute“ von Elisabeth Mann Borgese gegründet. Heute bietet die weltweit führende Non-profit- und regierungsunabhängige Organisation rund um den Globus Trainings und Studiengänge an, die vor allem auf die Organisation und Steuerung des Meeresschutzes fokussieren. Die neue Website des IOI lädt dazu ein, sich über die Zusammenarbeit mit Partnerprogrammen der UN zu informieren und vor allem die aktuellen Trainingsprogramme kennenzulernen.

Wiebke Böse

Im Deckchair

Ein persönlicher Tipp von Maria Leucht, zuständig für Vertrieb und Marketing im mareverlag

Harriet Russell:
„Meer malen“,
Antje Kunstmann, 2014, 64 Seiten, 12,95 Euro

Zum Glück kommt die Zeit, da man wieder Kinderbücher aus seinem Regal zieht und sich freut. In Buchhandlungen entdecke ich ab und zu schöne Kinderbücher, die ich dann an den Nachwuchs meiner Freunde verschenke. So zum Beispiel „Meer malen“ von Harriet Russell – ein herrlich unpädagogisches Malbuch! Hier dürfen die Kinder den Seefahrern Tattoos auf den Arm malen oder sich ausdenken, was die Fische zu Mittag gegessen haben. Zwei Fische sind zur Inspiration vorgegeben: Der eine hat gerade Spaghetti Bolognese verspeist und der andere Schnitzel mit Pommes. Das Buch beflügelt aber nicht nur die Fantasie, sondern es vermittelt auch einige wichtige Informationen zum Meer: Wie entstand es? Warum ist es so salzig? Wer nicht mehr lesen oder malen mag, kann ein Origamischiff basteln oder sich die Planktongeschichte am Schluss des Büchleins vorlesen lassen.

IN DER BIBEL WIRD JONA VOM WAL VERSCHLUCKT UND ÜBERLEBT. ABER GEHT DAS AUCH IN WIRKLICHKEIT?

Von Till Hein

EIN RIESIGER WAL ATTACKIERT vor den Falklandinseln das Fangschiff „Star of the East“. Mit seiner Schwanzflosse fegt er den Matrosen James Bartley von Bord. Bartley versinkt in den Wellen und taucht nicht wieder auf. Seine Kollegen glauben, er sei ertrunken. Doch als sie den Wal schließlich mit Harpunen erlegen, an Deck hieven und ausnehmen, entdecken sie im Magen „etwas Zusammengekrümmtes, das sporadische Lebenszeichen von sich gibt“, berichtet die „New York Times“ am 22. November 1896. Es ist der vermisste Seemann, bewusstlos, aber noch am Leben! 36 Stunden habe James Bartley im Inneren des Wals verbracht. Die Geschichte klingt bizarr. Doch nur zwei Wochen später bringt die „New York Times“ einen weiteren Artikel über ein ähnliches Ereignis. Diesmal sollen sogar zwei Männer vorübergehend von einem Meeressäuger verschluckt worden sein. Können Menschen tatsächlich den Aufenthalt im Magen eines Wals überstehen?

Schon im Alten Testament wird Jona von einem „großen Fisch“ verschluckt. Der Prophet erhielt von Gott den Auftrag, den sündigen Bewohnern der Stadt Ninive ein Strafgericht anzukündigen. Als er sich drücken will, entfacht Gott einen Sturm. Jonas Schiff gerät in Seenot. Er wird über Bord geschleudert, und der „große Fisch“ verschluckt ihn. In dessen Bauch plagt ihn das Gewissen, er betet zu Gott – und wird nach drei Tagen wieder an Land gespien.

Auch weltliche Schriftsteller verwenden das Motiv bereits seit der Antike: In einem Werk Lukians aus dem zweiten Jahrhundert überleben ganze Völkerschaften in einem gigantischen Wal. Pinocchio wird vorübergehend von einem solchen Riesen verschluckt. In Michael Köhlmeiers Erzählung „Der Unfisch“ von 1997 kopuliert ein Pärchen gar im Bauch eines Wals.

Die meisten Wissenschaftler sind der Meinung, dass sich in Wirklichkeit keine Jona-Geschichten zutragen können. Ein Wal würde sein Opfer mit den Zähnen zermalmen, meinen die einen. Und verschlucke der Meeressäuger einen Menschen unzerkaut, glauben andere, wären die Verdauungssekrete in seinem Magen tödlich. Wieder andere Forscher bezweifeln, dass Walmägen überhaupt groß genug seien, um einen Menschen aufzunehmen. Und schließlich: Wie sollen Jona und der Matrose James Bartley im Bauch des Wals geatmet haben?

Der britische Gelehrte Ambrose Wilson war in den 1920er-Jahren dennoch überzeugt, dass das Überleben im Magen eines Wals möglich sei. Denn Wal sei nicht gleich Wal. Durch den Schlund des Bartenwals etwa passe „nichts, das größer als eine Grapefruit“ sei. Pottwale dagegen seien bestens ausgestattet, um einen Menschen zu verschlingen. Und ein Vertreter dieser Spezies sei es auch gewesen, der Jona in seinem Bauch Asyl gewährt habe, ein bis zu 18 Meter langes und 50 Tonnen schweres Tier, Vorbild für Herman Melvilles „Moby-Dick“. Pottwale sind die größten Raubtiere der Welt. Sie können 3000 Meter tief tauchen und verschlingen bis zu 1,5 Tonnen Nahrung am Tag.

Professor Wilson bezieht sich in seiner Studie nicht nur auf den Fall Bartley, über den neben der „New York Times“ unter anderem das „Aberdeen Journal“ und der „Dundee Evening Telegraph“ aus Schottland sowie das „Derry Journal“ aus Nordirland berichtet haben. Er verweist auch auf einen Augenzeugenbericht aus dem Jahr 1771. Ein Pottwal soll in der Südsee ein Walfangboot entzweigebissen, einen Matrosen verschlungen und in die Tiefe gerissen haben. Der Seemann scheint dem Meeressäuger allerdings nicht geschmeckt zu haben. Als er wieder auftauchte, habe er sein Opfer „sehr zerkratzt, aber nicht ernsthaft verwundet" auf die im Wasser treibenden Trümmer des Bootes ausgespuckt. Doch können Wale wirklich ganze Menschen verschlucken? Ernähren sich diese Tiere nicht von Krill?

Ambrose Wilson liegt richtig, zeigt die jüngere Forschung. Zwar fressen Bartenwale wie der Finnwal, der Buckelwal oder der Blauwal in der Tat vor allem Krill, der wie lebender Staub im Meer umherwuselt. Mit ihrem riesigen Kamm aus feinen Hornplatten, den sogenannten Barten, filtern sie diese Kleinstlebewesen aus dem Wasser. Ihre Speiseröhre ist eng. Grapefruit hin oder her, ein Mensch würde niemals hindurchpassen. Das Maul eines Pottwals aber ist bartenfrei – und riesig. Allein der Kopf macht bei diesem Giganten ein Drittel der Körperlänge aus, und die geräumige Speiseröhre bietet für einen Seemann locker Platz.

Für Wilsons Pottwalthese spricht auch, dass diese Säuger ihre Beute, obwohl sie Zähne haben, am Stück verschlingen. Mitte der 1950er-Jahre wurde vor den Azoren ein zehn Meter langer Riesenkalmar unzerkaut im Magen eines solchen Wals gefunden. Die säurehaltigen Sekrete, die der Pottwalmagen absondert, zersetzen allerdings mühelos sogar Haie. Für Jona seien diese Magensäfte „selbstverständlich unangenehm" gewesen, räumt Wilson ein, „aber keineswegs tödlich". Denn: „Der Wal kann nichts Lebendes verdauen, da er ja ansonsten auch seine eigenen Magenwände verdauen würde."

Mit dieser Argumentation beruft sich Wilson auf keinen Geringeren als den schottischen Anatomen John Hunter, einen der Begründer der modernen Chirurgie. Lebendes Gewebe, schreibt Hunter 1772, strahle ein „schützendes Kraftfeld" aus. Daraus folge: „Tiere, mit Lebenskraft in den Magen genommen, werden nicht im mindesten von den Kräften des Eingeweides angegriffen." Einfacher gesagt: So lange ein verschlucktes Tier – oder eben ein Mensch – noch lebt, beginnt der Verdauungsprozess nicht.

Hunter war beim Sezieren menschlicher Leichen auf seltsame Verletzungen der Magenwand gestoßen. Bei einem Mann, der nicht etwa an Verdauungsproblemen, sondern an einem Hieb auf den

IN DEN 1950ER-JAHREN WURDE EIN RIESENKALMAR UNZERKLEINERT IM MAGEN EINES POTTWALS GEFUNDEN

Kopf gestorben war, fand er eine durchbrochene Magenwand. Bier, Braten, Käse und Brot hatten sich in die Körperhöhle des Toten ergossen. Hunter erkannte richtig: Zu dem Magendurchbruch kam es nicht durch eine Erkrankung, sondern durch Selbstverdauungsprozesse nach dem Tod.

Stirbt ein Organismus, so der Anatom, beginnt dessen Magengewebe, sich selbst zu verdauen. Was aber hindert die Verdauungssäfte zu Lebzeiten daran, fragte sich Hunter – und schloss auf das geheimnisvolle „schützende Kraftfeld" der Lebendigkeit. Hunters Theorie stützt, dass medizinische Fachzeitschriften mehr als 50 Fälle dokumentieren, in denen Tiere wie Eidechsen, Salamander und Schlangen über längere Zeit im Bauch eines Menschen gehaust haben sollen. „Wenn es möglich wäre, dass man eine menschliche Hand in den Magen eines lebenden Tieres bringen und da eine beträchtliche Zeit erhalten könnte", schreibt Hunter weiter, „so würde man finden, dass die auflösenden Kräfte des Magens nicht auf sie wirken könnten." Dieser Schutz könnte Jona und James Bartley im Bauch des Wals das Leben gerettet haben.

Seltsam nur, dass beim verschluckten Seemann Bartley die Verdauungssekrete sehr wohl Verätzungen bewirkt haben sollen. „Bartleys Haut hatte sich überall dort, wo sie der Wirkung der Magensäfte ausgesetzt war, in auffälliger Weise verändert", heißt es in jenem „New York Times"-Artikel von 1896. „Sein Gesicht und seine Hände waren so ausgebleicht, dass sie aussahen wie bei einem Toten, und die Haut war runzelig geworden, was dem Mann den Anschein gab, als sei er halb gekocht worden." Ob das Magengewebe des Wals, als Bartley vorübergehend das Bewusstsein verlor, diesen für tot hielt und daher schon mal mit der Verdauung begann?

Der französische Physiologe Claude Bernard, Professor an der Sorbonne, zog Hunters These von der Unverdaulichkeit lebender Organismen bereits Mitte des 19. Jahrhunderts in Zweifel. 1855 führte er einem Hund durch eine krankhafte Fistelöffnung im Abdominalbereich einen lebenden Frosch in den Magen ein. Nach 45 Minuten waren dessen Hinterbeine „großteils verdaut", notierte Bernard – und folgerte: Das Leben „stellt kein Hindernis für die Aktivität der Magensäfte dar".

Heute ist bekannt, dass sich die Magenschleimhaut von Mensch und Tier sehr wohl ständig selbst verdaut, aber auch ununterbrochen und in hoher Geschwindigkeit regeneriert. Bei gesunden Erwachsenen erneuert sie sich alle drei Tage komplett. Nach dem Tod kommt die Selbstverdauung lediglich stärker zum Tragen, weil der Organismus keinen Schleim mehr produziert, der die Magenwände schützt. Demnach wäre es schon wegen der Verdauungssäfte nicht möglich, im Bauch eines Wals zu überleben.

Unlängst aber fanden Forscher heraus, dass der Vormagen von Walen gar keine solchen Sekrete ausschüttet. Erst im Hauptmagen weiter hinten werden Salzsäure und Verdauungsenzyme aktiv. Und der Durchschlupf zwischen diesen beiden Kammern ist selbst beim riesigen Pottwal zu schmal, als dass ein menschlicher Körper hindurchpassen würde. Im Vormagen eines Pottwals könnte ein Mensch also durchaus überleben. Theoretisch.

Bleibt die Frage: Wie soll James Bartley dort geatmet haben? Der Wal könnte zuvor an der Wasseroberfläche gewaltige Mengen Luft verschluckt haben, argumentieren manche Experten. „Oder die Pressluftflasche eines Tauchers", so die kalifornische Wissenschaftsautorin Mary Roach in ihrem Buch „Gulp. Adventures on the Alimentary Canal" mit feiner Ironie – denn solche Geräte zur Sauerstoffversorgung wurden erst in den 1920er-Jahren erfunden, mehr als zwei Jahrzehnte nach dem Bartley-Fall.

Im Vormagen eines Pottwals bekäme man schlicht und ergreifend keine Luft", stellt die Walexpertin Helena Herr von der Tierärztlichen Hochschule Hannover klar. Der Verdauungstrakt des Pottwals hat nämlich keine Verbindung zum Atemsystem. Speiseröhre und Luftröhre sind bei Walen – anders als beim Menschen – komplett voneinander getrennt. Bereits nach wenigen Minuten würde im Pottwalvormagen daher der Tod durch Ersticken einsetzen. „Und der Vormagen dieser Wale ist äußerst muskulös", führt die Forscherin weiter aus. „Die sogenannte propulsive Peristaltik – die ringförmige Kontraktion der glatten Muskulatur der Magenwand – unterstützt schon zu Beginn des Verdauungsprozesses die Zerkleinerung der Nahrung und könnte einen Menschen leicht erdrücken." Allerspätestens beim ersten Tauchgang des Wals wäre in jedem Fall Schluss, sagt Helena Herr. „Dem Druck in bis zu 3000 Meter Tiefe könnte selbst der stärkste Mensch nicht standhalten."

Es funktioniert also definitiv nicht. Wieso aber inspirieren Wale die Menschheit immer wieder zu abenteuerlichen Verschlingungsgeschichten? Eine Erklärung sehen Forscher in den Grenzerfahrungen, die man jahrhundertelang beim Walfang machte. Die Jagd auf die Riesen war noch um 1900 ein Kampf auf Leben und Tod, und die Fluke, die unzählige Fangschiffe zerschmetterte, wurde ehrfurchtsvoll „Hand Gottes" genannt.

DIE SPEISERÖHRE EINES POTTWALS IST SO GERÄUMIG, DASS SIE EINEM SEEMANN LOCKER PLATZ BIETEN WÜRDE

Auch die Jona-Geschichte aus dem Alten Testament trug mit großer Wahrscheinlichkeit zur weltweiten Verbreitung von Gruselgeschichten über Wale bei. Christen sehen in Jonas Verschlingung und Rettung ein Symbol für den Tod und die Auferstehung Jesu. „Denn wie Jona drei Tage und drei Nächte im Bauch des Fisches war, so wird der Menschensohn drei Tage und drei Nächte im Schoß der Erde sein", sagt Jesus im Neuen Testament. Tiefenpsychologen glauben jedoch, dass das Jona-Motiv noch viel älter als die Bibel ist. Als archetypischen Bestandteil unseres kollektiven Unbewussten trügen es seit vielen Jahrtausenden alle Menschen von Geburt an wie eine Art Urbild in ihrer inneren Vorstellungswelt.

Manche Menschen aber scheinen sich nach der Geborgenheit in einem solchen Riesen der Meere zu sehnen. „Für die moderne Welt ist der Wal ein Symbol der Unschuld in einer Zeit der Bedrohung", behauptet der britische Wissenschaftspublizist und Walexperte Philip Hoare von der University of Southampton. Vielleicht, so legen seine Überlegungen nahe, leiden wir insgeheim alle am Jona-Syndrom und wünschen uns eine Auszeit im Bauch eines solchen Meeressäugers, und es ist diese unbewusste Sehnsucht, die immer wieder Geschichten wie diejenige über den Seemann Bartley entstehen lässt.

„Man ist dort in einem dunklen, ausgepolsterten Raum, der genau passt, mit einer dicken Speckschicht zwischen sich und der Außenwelt", schreibt George Orwell 1940 in seinem literarischen Essay „Inside the Whale" über den Walmagen. „Tatsache ist, dass die Vorstellung, sich im Inneren eines Wals zu befinden, tröstlich, gemütlich und anheimelnd wirkt." Demnach waren Jona und James Bartley Pechvögel, weil der Pottwal sie wieder ausgespuckt hat.

Als Till Hein, Jahrgang 1969, Wissenschaftsjournalist in Berlin, neulich über Krankheiten des menschlichen Magen-Darm-Trakts recherchierte, stieß er zufällig auf dieses Thema – das ihm, als großem Walfan, gleich viel mehr Spaß machte.

mareRadio

Jeden ersten Sonntag im Monat im Nordwestradio

RITUALE

Sonntag, 3. April, 11.05 Uhr.
Wiederholung am 9. April, 16.05 Uhr

Ob Schiffs- oder Äquatortaufe, der Schluck Hochprozentiges für Neptun zu Beginn einer Seereise oder Blumenopfer zur Besänftigung der Meeresgöttin – die vor Jahrhunderten entwickelten Rituale dienen nur dem einem Zweck: die Ängste der Menschen vor der grenzenlosen Weite des Meeres und den Unbilden der Elemente in Schach zu halten. Am Mikrofon ist Katrin Krämer.

FRAUEN

Sonntag, 1. Mai, 11.05 Uhr.
Wiederholung am 7. Mai, 16.05 Uhr

„Eine Frau an Bord bringt Unglück" – davon waren seefahrende Männer jahrhundertelang überzeugt. Aber nicht alle Frauen ließen sich davon abschrecken. Manche kämpften auf Piratenschiffen, stachen als Forscherinnen in See oder lebten an Bord von Frachtsegelschiffen. Heute sind Frauen auch schon Kapitäninnen. In den Meeresmythen haben sie indes schon lange das Sagen: als Meeresgöttinnen, Sirenen oder Seedämoninnen zum Beispiel. mareRadio spürt Frauen zur See und im Wasser auf und begibt sich dafür auf entlegene Inseln und in enge Kombüsen sowie auf große Containerschiffe und in kleine Boote – die allesamt weibliche Namen tragen. Am Mikrofon ist Stefan Pulß.

Termine

ALKERSUM/FÖHR

Lipadusa: Calogero Cammalleri

Cammalleri geht dem ursprünglichen Wesen Lampedusas nach und zeigt in seinen Fotografien das raue Nadelöhr für Bootsflüchtlinge ebenso wie die lebendig-fröhliche Insel. Bis 19.6., Di–So 10–17 Uhr, Museum Kunst der Westküste. www.mkdw.de

BALLYCASTLE (GBR)

Rathlin Sound Maritime Festival

Das Festival am Rathlin Sound lädt zu Regatten, Märkten, Wandertouren, Ausstellungen und Wettbewerben. 27.5.–5.6., Hafen. www.coastmonkey.ie

BALTIMORE (IRL)

Baltimore Wooden Boat Festival

Festival rund um die traditionellen Holzsegelschiffe Irlands für Bootsliebhaber und alle, die gern über Boote reden und Partys im West-Cork-Stil lieben. 27.–29.5., Hafen. www.baltimore woodenboatfestival.com

ECKERNFÖRDE

Friedel Anderson: Draußen

Sonderausstellung von Gemälden und Farbradierungen aus den Jahren 1991 bis 2015. Gezeigt werden norddeutsche Landschaften aus Eckernförde, Schleswig und der Insel Sylt. Bis 17.4., Di–Sa 14.30–17 Uhr, So 11–17 Uhr, Museum Eckernförde. www.museum-eckernfoerde.de

FEHMARN

Jever Surffestival

Ein Muss für alle Wassersportbegeisterten ist diese Mischung aus Messe und Sportevent für Surfer. Neue Produkte aus der Wassersportwelt können ausprobiert werden. 5.–8.5., Südstrand. www.surffestival.de

Veranstaltungshinweise an:
mare-Termine
Wiebke Böse
Sandthorquaihof, Pickhuben 2
20457 Hamburg
Fax: 040/369 859 99
E-Mail: termine@mare.de
Redaktionsschluss für die nächste Ausgabe: 2.5.2016

HALLIGEN

Ringelganstage

Die Schwärme genießen im Frühjahr das satte grüne Gras auf den kleinen Inseln in der Nordsee, und ihre Bewohner feiern die Ringelganstage mit vielen Veranstaltungen. 16.4.–8.5.; www.ringelganstage.de

HAMBURG

Hafengeburtstag

Dreitägiges Hafenspektakel mit großer Ein- und Auslaufparade, alljährlich mit mehr als einer Million Besuchern. Das legendäre Schlepperballett, die Hafenmeile, Feuerwerke, Open Ships und viele weitere Highlights stehen auf dem vielseitigen Programm. 5.–8.5., Hafen. www.hamburg.de/hafengeburtstag

Girls Day: Frauen im Hafen

Informationsveranstaltung zu Berufsmöglichkeiten für Frauen im Hafen in Kooperation mit „Faszination Technik". 28.4., 9–14 Uhr, Hafenmusuem. www.hafenmuseum-hamburg.de

HELGOLAND

Nordseewoche

Rund 1500 Segler finden sich auf Helgoland ein, dazu viele Inselbesucher, die sich das Traditionsspektakel nicht entgehen lassen. Es ist eine der größten Regattaveranstaltungen Deutschlands, vor allem die einzige, die auf hoher See stattfindet. 13.–16.5.; www.nordseewoche.de

JUIST

Juister Musikfestival

Drei Musiktage mit familiärer Atmosphäre, exzellenter Stimmung und natürlich einem breiten Angebot verschiedener musikalischer Genres: Rock und Pop, viel Jazz, Rock 'n' Roll und Folk. Insgesamt rund 100 Musiker treten in 38 Konzerten auf 15 Bühnen auf. 5.–7.5., www.juister-musikfestival.de

KOSEROW

Koserower Heringsfest

Abschlussveranstaltung der Usedomer Heringswochen mit Verleihung des Heringspokals für das beste Heringsgericht. 9.4., ab 11 Uhr, Seebrückenvorplatz. www.usedom.de

LE HAVRE (FRA)
Dixie Days
Internationales Jazzfestival am Strand. 13.–15.5.; www.lehavretourisme.com

LONDON (GBR)
Between the Land and the Sea
Ausstellung von Künstlern der Royal Academy of Arts. Thema der Arbeiten ist die empathische Erkundung der Verbindung von Land und Meer. Bis 24.4., Sa–Do 10–18, Fr 10–22 Uhr. Royal Academy of Arts, The Keeper's House, Burlington House. www.royalacademy.org.uk

MONT-SAINT-MICHEL (FRA)
Marathon
Zwischen Bretagne und Normandie, von Cancale zum Mont-Saint-Michel, gehen 5000 Läufer aus Frankreich und vielen anderen Ländern auf die Strecke. Den grandiosen Rahmen bieten Bucht und Abtei des Mont-Saint-Michel. 28./29.5., www.marathondu montsaintmichel.com

SCHLESWIG-HOLSTEIN UND SÜDJÜTLAND
folkBALTICA
Auf den Festivalbühnen der folkBALTICA werden wieder zahlreiche internationale Folkstars dabei sein. 23.4.–1.5.; alle Termine, Orte und Line-ups: www.folkbaltica.de

STRALSUND
Unser Blauer Planet: gestern – heute – morgen
Am Beispiel der Nordsee, Hochsee, Tiefsee, Tropenmeer und Eismeer wird gezeigt, wie reich die Ozeane gestern waren, wie bedroht sie heute sind und wie sie morgen wieder sein könnten. Bis 17.4., Di–So 10–17 Uhr, Meeresmuseum. www.deutsches-meeresmuseum.de

ZEMPIN
Fischerfest
Fest mit Köstlichkeiten aus Ostsee und Achterwasser und einem großen Programm mit Mitmachhandwerk, Bernsteinschleifen oder Seilerei, Schiffschaukel sowie Fischkistenrollbahn, Unterhaltung und Musik. 7.5., ab 14 Uhr, Kurplatz. www.usedom.de

HAMBURG
Anja Witt – Beyond the Sea

Die Malerin Anja Witt ist fasziniert vom Meer. Als Künstlerin geht es ihr aber nicht um Illustration oder das klassische Seestück. Es sind vielmehr die Prozesse und Kräfte im Ozean, die der Ausgangspunkt für ihre Malerei sind. Durch die Abstraktion entstehen freie Farb- und Formfindungen wie Schichtungen und Strömungen auf der Leinwand. Im vergangenen Jahr fuhr die Künstlerin noch einmal für fünf Wochen auf Expeditionsfahrt mit dem Forschungsschiff „Meteor" durch den tropischen Atlantik. „Ich bin nicht nur Künstlerin, sondern auch ausgebildete Ozeanografin, spreche also beide ‚Sprachen'", sagt Anja Witt. „Diese Reise war eine große Chance, an der Schnittstelle zwischen Wissenschaft und Kunst neue Formen der Wahrnehmung und Kommunikation zu entwickeln."
Bis 22. April, Di bis Sa 14 bis 18 Uhr. Galerie Reinhardt und Partner Contemporary, Hongkongstraße 3, Hafencity

mareTV
Jeden ersten und dritten Donnerstag im Monat im NDR Fernsehen

KOPENHAGEN
7. April, 20.15 Uhr, NDR Fernsehen

HIDDENSEE RÜGENS CHARMANTE SCHWESTER
21. April, 20.15 Uhr, NDR Fernsehen
„Dat Söte Länneken", das süße Ländchen, wird Hiddensee auch genannt. Die Insel ist autofrei. Fast. Nur 23 Autos dürfen durchs Naturparadies fahren, darunter der elektrische „Küstenblitz" des Inselversorgers. Ansonsten sind nur Fußgänger und Fahrradfahrer unterwegs – und Pferdekutschen. Deshalb gibt es hier den wohl ungewöhnlichsten Studentenjob des Landes: Pferdemistsammler. Hiddensee ist einer der sonnenreichsten Orte Deutschlands, und so kommen auf die kleine Insel jedes Jahr 250 000 Besucher. Und machen den gerade 1000 Einwohnern ordentlich Arbeit. Auch dem Inselpolizisten, wenn es wieder mal heißt: große Fahrradverkehrskontrolle!

AN DER COSTA BRAVA
19. Mai, 20.15 Uhr, NDR Fernsehen

AMRUM
2. Juni, 20.15 Uhr, NDR Fernsehen

Das Wüstenmeer

Der französische Geograf François Élie Roudaire hat im Jahr 1874 eine kühne Vision: Er will Teile der Sahara fluten und in ein künstliches Meer verwandeln

Von Bernd Flessner

KEINE BERGE, KEINE DÜNEN, KEIN SAND, DAFÜR getrockneter Schlamm, Sumpf und Salz, wohin das Auge auch blickt. Im April 1864 erreicht François Élie Roudaire eine Landschaft, die er inmitten der Sahara nicht vermutet hatte. Über der grauen Senke, die bis zum Horizont reicht, flimmert die heiße Wüstenluft. Eine Fata Morgana gaukelt eine ferne Oase vor. Aber auf derartige Trugbilder fällt der französische Geograf nicht herein. Stattdessen stellt er seinen Theodolit auf und beginnt mit den Vermessungsarbeiten, mit denen ihn die französische Armee beauftragt hat. Deren Interesse richtet sich vor allem auf die noch weitgehend unbekannten Gebiete im Süden Algeriens und Tunesiens. Die Dritte Republik braucht Platz, den sie verstärkt in Afrika sucht, wo sie sich auf einen kolonialen Wettlauf mit Großbritannien eingelassen hat.

Roudaire kommt gut voran. Seine kleine Expedition ist bestens ausgerüstet, und die Hitze hält sich im Frühjahr noch in Grenzen. Der Schott el Dscherid, der von ihm entdeckte Salzsee, ist bald vermessen und kartiert. Natürlich weiß der Franzose, dass der See den durchziehenden Beduinen bekannt ist. Doch er ist der erste Europäer, der den Schott el Dscherid mit eigenen Augen gesehen hat. Oder etwa doch nicht?

Roudaire entstammt einer bildungsbürgerlichen Familie und hat eine entsprechende Erziehung genossen. Sein Vater war Direktor des Naturhistorischen Museums von Guéret. Daher kennt der Militärgeograf zahlreiche antike Texte, darunter auch die von Herodot und Diodor. Beide Autoren berichten von einem mysteriösen See irgendwo in südlichen Gefilden der damals bekannten Welt. In den Texten heißt er Tritonsee, da er von einem Fluss namens Triton gespeist wird. Roudaire stellt sich die Frage, ob der Schott el Dscherid nicht das geologische Überbleibsel dieses Sees sein könnte. Ein weiteres Indiz bestärkt ihn in dieser Annahme: Roudaire stellt nämlich fest, dass Teile der Senke bis zu 26 Meter unter dem Meeresspiegel des Mittelmeers liegen.

Der Gedanke lässt den Geografen fortan nicht mehr los. Er verstaut Zelte und Messgeräte und zieht mit seiner kleinen Expedition weiter in Richtung Osten. Dort stößt er auf einen weiteren Salzsee, den Schott el Fedschadsch. Im Westen wiederum liegen der Schott el Gharsa und der Schott Melghir. Zusammen mit kleineren Salzseen bilden sie eine Senke gigantischen Ausmaßes, fast 400 Kilometer lang und bis zu 70 Kilometer breit. Die Fläche beträgt etwa 7700 Quadratkilometer. Im Osten erreicht die Senke fast den Golf von Gabès, eine Bucht an der Ostküste Tunesiens, lange Zeit auch als Kleine Syrte bekannt. Ein rund 200 Kilometer breites und über dem Meeresspiegel liegendes Wüstenstück hindert das Mittelmeer daran, die nördliche Sahara zu fluten. ➢

In Jules Vernes „L'Invasion de la mer" (deutscher Titel: „Der Einbruch des Meeres") von 1905 glückt der ehrgeizige Plan, ein künstliches Meer in der Sahara zu erschaffen

1883 erschien in „Le Monde illustré“ ein Artikel über das Vorhaben in der Wüste – mit diesem Bild eines unbekannten Zeichners, das zwei einheimische Helfer zeigt

So hätte die Baustelle in der Sahara womöglich ausgesehen – zumindest in der Fantasie Jules Vernes. Die Abbildung ist seinem Buch „Der Einbruch des Meeres" entnommen

Roudaire zeichnet Karte auf Karte. Während seiner Arbeit nimmt allmählich eine kühne Vision Konturen an. Wäre es nicht möglich, den von Herodot beschriebenen antiken Zustand wiederherzustellen? Der Vermessungsoffizier stellt erste Berechnungen an. Beflügelt wird er dabei von einem Projekt, das als Weltsensation und größtes Bauvorhaben aller Zeiten angesehen wird. Denn zur selben Zeit, in der Roudaire in der Sahara unterwegs ist, graben sich mehr als 30 000 Arbeiter durch die Meerenge von Sues. Das Gebiet dort ist unbewohnt. Jedes Zelt, jeder Spaten und jede Karaffe Wasser muss aufwendig zur Baustelle transportiert werden. Nicht wenige Zeitgenossen schütteln ihre Köpfe; sie können sich nicht vorstellen, dass schon bald Schiffe auf einem 162 Kilometer langen Kanal durch die ägyptische Wüste fahren sollen.

Doch der Coup gelingt. Innerhalb von nur zehn Jahren, von 1859 bis 1869, schafft es der französische Unternehmer und Diplomat Ferdinand de Lesseps, die lang gehegte Vision in die Realität umzusetzen. Sogar die Skeptiker jubeln ihm jetzt zu, während die Optimisten längst von ganz anderen Eingriffen des Menschen in die Natur und in die Geografie träumen. Endlich, so scheint es, wird die Welt beherrschbar. Der Mensch muss sie nicht mehr länger so hinnehmen, wie er sie vorgefunden hat. Ein neues Zeitalter leuchtet am Horizont.

Nicht anders sieht es Roudaire. Am Schott el Dscherid stehend, schließt er die Augen und wähnt sich in Gedanken am Ufer eines künstlichen Binnenmeers. Schiffe fahren vorbei, andere legen in den Häfen junger und moderner Städte an, um Ladung an Bord zu nehmen. Vor allem Getreide. Denn die Uferregionen des Binnenmeers sind grüne, blühende Landschaften. Dass die Schiffe unter französischer Flagge fahren, steht außer Frage.

Als er seine Augen wieder öffnet, sieht er Sumpf und Salz, so weit das Auge reicht. Einfach wird es nicht werden. Es sei denn, Roudaire kann seinen Landsmann Ferdinand de Lesseps für seine Vision begeistern. Schließlich wird für den ersten Schritt weiter nichts benötigt als ein Kanal, der Wasser vom Golf von Gabès in die Sahara leitet.

Umgehend schreibt Roudaire ihm einen Brief, in dem er die Zukunft des ausgetrockneten Sees in rosigen Farben ausmalt. Die gesamte Region, so prophezeit der Topograf, würde einen Klimawandel erleben, hervorgerufen „durch die Verdampfung des Wassers und die vorherrschenden südlichen Winde". Dieses neue Mikroklima, „eine Schicht aus feuchter Atmosphäre, wird die Intensität der Sonnenstrahlung verzögern und gleichzeitig die Abkühlung der Erde während der Nacht verhindern. Bald werden wieder Flüsse, wie es sie hier einst zweifellos gab, weite Teile des jetzigen Wüstenlands in fruchtbares Land verwandeln".

Seine Argumente überzeugen Lesseps auf Anhieb. Roudaires Vision ist genau das Projekt, das dem Bau des Sueskanals folgen könnte. Es ist noch größer und noch spektakulärer, aber dennoch in dem Rahmen, den der Unternehmer als machbar ansieht. Statt 162 müssten rund 240 Kilometer Kanal angelegt werden. Keine wirkliche Herausforderung für den „Helden von Sues".

Roudaire, fotografiert 1878 während einer Expedition durch Tunesien. Zu diesem Zeitpunkt glaubte er noch fest an seine Vision. Vier Jahre später ließ Frankreich offiziell den Plan fallen

Mit Lesseps an Bord beginnt Roudaire eine wahre Propagandaschlacht. In der renommierten und viel gelesenen Zeitschrift „Revue des deux Mondes“ veröffentlicht er 1874 einen euphorischen Artikel mit dem Titel „Ein algerisches Binnenmeer“. Darin bezeichnet er die Sahara als Krebsgeschwür, das im Begriff sei, Afrika zu fressen. Und genau auf diese um sich greifende Desertifikation sei sein Projekt die einzig passende Antwort. „Wir können den Krebs nicht heilen, aber wir können ihn ertränken.“

Sobald dies mithilfe des von Lesseps gebauten Kanals geschehen sei, würde sich die nördliche Sahara in ein grünes Paradies verwandeln, bedeckt mit Getreidefeldern. Die Wüste werde zu Afrikas „Brotkorb“. Zum Nutzen Frankreichs, versteht sich. Denn in Verbindung mit den neuen, künstlichen Wasserstraßen und neuen Eisenbahnlinien in Nord-Süd-Richtung würden die Franzosen Afrika dominieren und somit die Briten endgültig zurückdrängen. Frankreich könnte sogar zur führenden Kolonialmacht aufsteigen.

Es sind Worte, die bei vielen Franzosen auf offene Ohren stoßen. Wo immer Roudaire vorstellig wird, schlägt ihm Wohlwollen entgegen. Noch vor Jahren wäre er wahrscheinlich als Utopist ausgelacht worden. Nicht aber nach dem Bau des Sueskanals, dessen Erbauer auch noch mit von der Partie ist. Die Académie des sciences sagt ihre volle Unterstützung zu, die Regierung gewährt ihm 35 000 Franc für weitere Expeditionen. Die Armee befördert ihn zum Oberstleutnant und stellt Material bereit, die Presse feiert ihn als kommenden Mann.

Selbstverständlich wird Roudaires Vision auch in London registriert und ruft sofort Nachahmer auf den Plan. So schlägt der Ingenieur Donald Mackenzie in seinem 1877 erschienenen Buch „The Flooding of the Sahara: An Account of the Proposed Plan for Opening Central Africa“ vor, das Wüstengebiet El Dschuf in der westlichen Sahara zu fluten. Immerhin liegt El Dschuf bis zu 60 Meter unter dem Meeresspiegel. Das benötigte Wasser soll ein Kanal liefern, der die Senke mit dem Atlantik verbindet. Mackenzie schlägt zudem den Bau weiterer Kanäle vor, die bis ins Kongogebiet reichen sollen und so den westlichen Teil Afrikas der Krone unterstellen würden. Die „Times“ nennt diese Gegenvision „ebenso ernsthaft und der Anstrengung würdig wie das Unternehmen von Ferdinand de Lesseps“. Die ehrwürdige Londoner Tageszeitung unterschlägt jedoch, dass der Atlantikkanal eine Länge von rund 2000 Kilometern haben müsste. Somit bleibt Mackenzies Vorschlag von vornherein ein Luftschloss und wird nicht weiter verfolgt.

Roudaire bricht 1876 zu einer neuen Expedition auf, diesmal jedoch in großem Stil. Gleich mehrere Ingenieure begleiten ihn, ein Arzt und ein Zeichner, der Skizzen und Bilder anfertigen soll. Das Ziel ist der Schott el Gharsa, dem der Topograf nun endgültig nachweisen kann, ein ausgetrockneter See zu sein. Dass die Austrocknung bereits am Ende des Tertiärs vor mindestens drei Millionen Jahren stattfand, entdeckt er aber nicht. Er glaubt weiterhin an Herodots Antike.

Zwei Jahre später erreicht Roudaire mit einer weiteren Expedition den Schott el Dscherid, der dem Golf von Gabès am nächs-

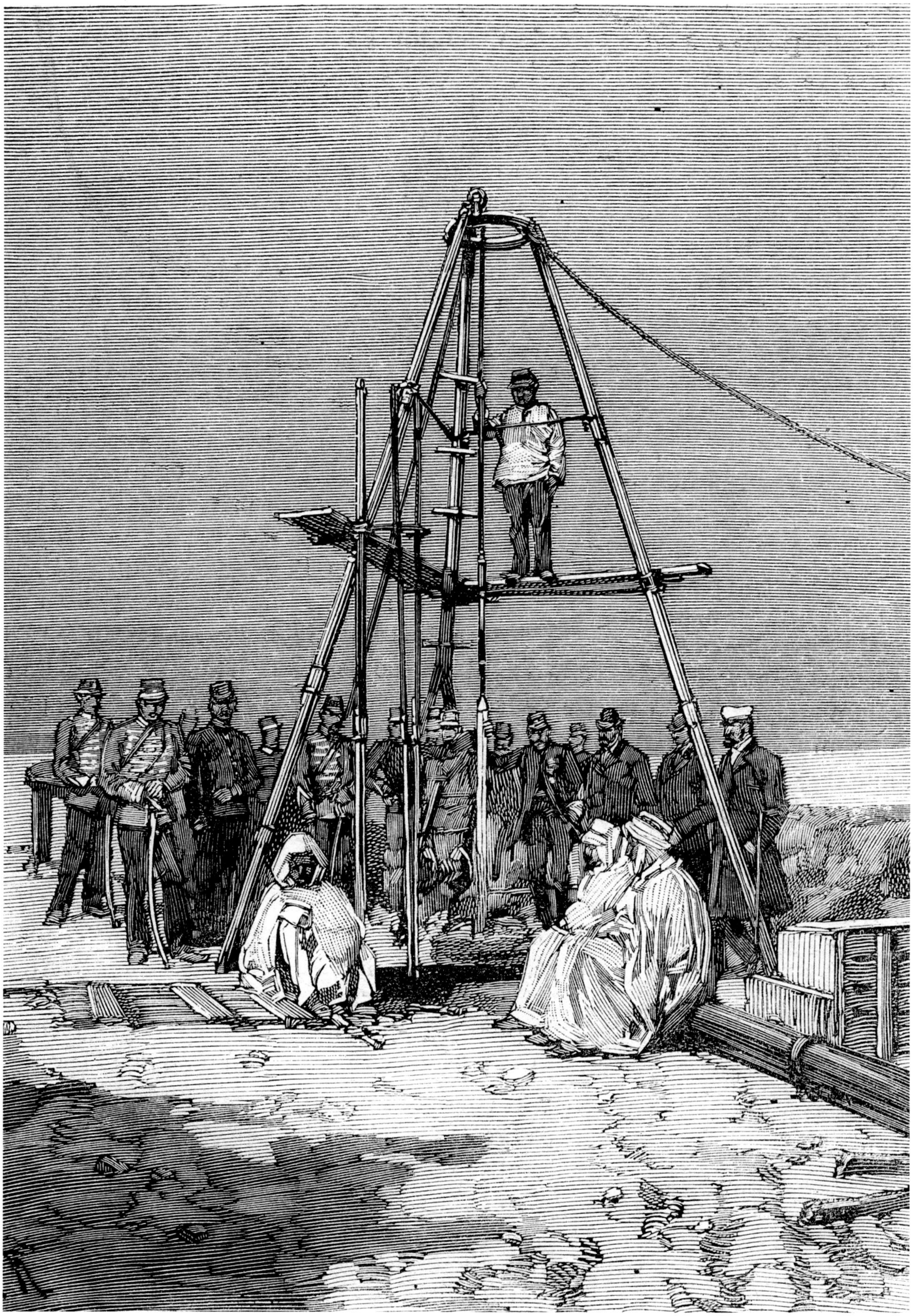

Illustration aus dem „Le Monde illustré“-Artikel von 1883: Das Bauprojekt war auch ein Symbol der Macht. Die Franzosen sollten, so die Idee, mit der Schaffung des künstlichen Meeres künftig Afrika dominieren

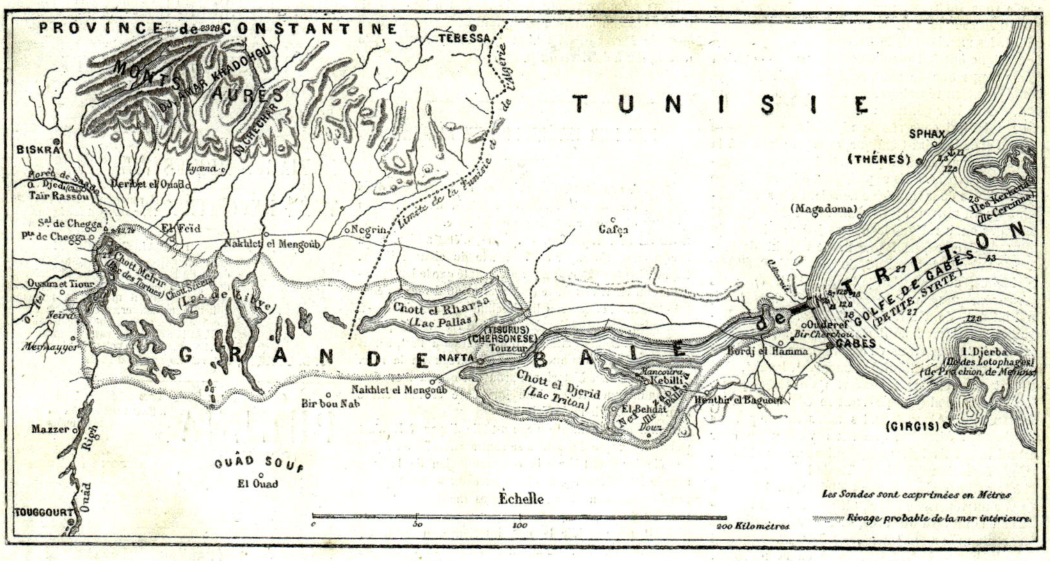

Bereits 1874 berichtete „Le Monde illustré“ über Roudaires Plan und druckte zur Veranschaulichung diese Karte

ten liegt. Voller Enthusiasmus stellt er seine Messgeräte auf, kommt jedoch zu einem ebenso überraschenden wie niederschmetternden Resultat: Große Teile des Salzsees liegen deutlich über dem Meeresspiegel.

Fieberhaft berät sich Roudaire mit seinen Ingenieuren und sieht nur einen Ausweg. Während der geplante Kanal deutlich verlängert werden muss, wird aus dem Binnenmeer letztendlich ein überschaubarer See. Eine Vertiefung des Schott el Dscherid würde selbst die technischen Möglichkeiten Lesseps' übersteigen. Es ist nicht die erste Vision, die an der Realität zerbricht.

Frustriert, aber nicht ohne Hoffnung kehrt Roudaire nach Frankreich zurück. Dort dreht sich nach der Bekanntgabe der neuen Erkenntnisse der Wind schnell. Als auch noch eine Regierungskommission die Kosten für das nunmehr aktualisierte Projekt auf über eine Milliarde Franc kalkuliert, wenden sich die Befürworter von ihm ab. Die Regierung lässt schließlich das Vorhaben 1882 offiziell fallen.

Nun steht nur noch Lesseps an der Seite von Roudaire. Gemeinsam gründen sie die Société d'études de la mer intérieure africaine, eine privat finanzierte Gesellschaft, die dem Vorhaben doch noch zum Erfolg verhelfen soll. Umgehend begibt sich Roudaire 1883 erneut in die Sahara, um weitere Vermessungen vorzunehmen. Er hofft, mit einem detaillierten Plan zurückzukehren, um mögliche Geldgeber zu überzeugen und die Sympathie der Öffentlichkeit zurückzugewinnen.

Doch seine Hoffnungen zerschlagen sich. Es bleibt dabei, dass nur einige Teile der Senke unter dem Meeresspiegel liegen. Noch dazu infiziert er sich mit einer Tropenkrankheit und kehrt sichtbar geschwächt nach Frankreich zurück. Ohne seine Idee wiederbeleben zu können, stirbt er am 14. Januar 1885 im Alter von 48 Jahren.

Ferdinand de Lesseps verkraftet diesen Verlust erstaunlich gut, denn er hat längst ein vergleichbares Projekt gefunden, mit dem er an den Sueskanal anknüpfen kann. Er wird 1879 zum Präsidenten des Französischen Komitees für den Bau eines interozeanischen Kanals in Mittelamerika gewählt (mare No. 102). Er ahnt nicht, dass er ein weiteres Mal scheitern wird. 1889 stellt Frankreich den Bau des Panamakanals ein. Die Amerikaner übernehmen und stellen ihn 1914 fertig.

Roudaires Vision hingegen übernimmt ein anderer Franzose. Kein Geringerer als der in aller Welt berühmte Schriftsteller Jules Verne, der Vater der Science-Fiction, vollendet schließlich den ehrgeizigen Plan des Geografen. In dem Roman „Der Einbruch des Meeres“, 1905 erschienen und eines seiner letzten Werke, stehen die Kanalarbeiten im Mittelpunkt. Immer wieder werden Arbeiter und Ingenieure von Berbern und Tuareg attackiert, die ihre Territorien gegen die drohenden Wassermassen verteidigen. Am Ende stellt ein Erdbeben auf natürliche Weise die Verbindung her. Die Salzseen und Senken werden vom Mittelmeer geflutet, eine neue Landschaft entsteht – zumindest auf dem Papier ist die Vision wahr geworden.

Ganz vom Tisch ist sie auch heute nicht, denn in regelmäßigen Abständen greifen Wissenschaftler und Ingenieure Roudaires Vision auf. Erst im Jahr 2005 ließ der Ingenieur und Wasserbauexperte Willy Kuhlmann seine Studenten an der Fachhochschule Aachen das Vorhaben prüfen und berechnen. Das Ergebnis ist beeindruckend, denn mit heutiger Technik wäre Roudaires Vision jederzeit umsetzbar, Meerwasserentsalzungsanlagen inklusive.

Vielleicht kann man ja doch eines Tages auf Roudaires Wüstenmeer segeln, mitten in der Sahara, mit Blick auf ein tropisches Paradies.

Es ist nicht die einzige Utopie des technischen Zeitalters, mit der sich Autor Bernd Flessner, geboren 1957, in den vergangenen Jahren beschäftigt hat. Doch jene von François Élie Roudaire findet der Uehlfelder Autor und Zukunftsforscher besonders interessant. Ihm war die Sahara schon immer zu trocken.

Vergangenheit: die Villa des einstigen Kartellchefs Escobar in Miami Beach

Leben

Escobars Villa abgerissen

Sie war eine Besonderheit in Miami Beach, jetzt existiert sie nicht mehr: Die 1948 erbaute Strandvilla des berüchtigten Drogenbosses Pablo Escobar ist abgerissen worden. Der neue Besitzer Christian de Berdouare, Inhaber der Fast-Food-Kette „Chicken Kitchen", will auf dem Grundstück einen modernen Neubau errichten. Doch bevor es so weit ist, geht es ihm um etwas anderes. Möglicherweise hatte Escobar in den 1980er-Jahren – wie es im Drogengeschäft damals üblich war – Geld und Schmuck im Haus und im Boden verstecken lassen. Jennifer Valoppi, de Berdouares Ehefrau, erklärt: „Im Fußboden und in den Wänden der Villa wurden ungewöhnliche Löcher entdeckt. Im Marmorboden war offenbar ein Safe eingelassen, der aber irgendwann herausgerissen wurde." Daraufhin engagierte das Ehepaar Schatzsucher, die laut de Berdouare während des Abrisses tatsächlich auf einen 300 Kilogramm schweren Safe stießen. Die Angaben zu dem Fund sind allerdings widersprüchlich. Mal heißt es, der Safe sei schon offen und leer gewesen. Eine andere Quelle behauptet, der Tresor solle erst im Zug einer Dokumentation über Escobars Leben geöffnet werden. De Berdouare hatte das Anwesen im Mai 2014 für knapp zehn Millionen Dollar gekauft und von dessen Vorbesitzer angeblich nichts gewusst. Dabei stand Escobar, der 1993 von einem Militärkommando erschossen wurde, sogar im Grundbuch, berichtet die „Daily Mail". Ob Escobar die Villa je betreten hat, ist nicht bekannt. *mz*

Fischerei

Ostseedorsch verliert Siegel

Die Dorschfischereien in der gesamten östlichen Ostsee haben das Nachhaltigkeitssiegel des Marine Steward Council (MSC) verloren. Die Aberkennung des weltweit bekannten Ökosiegels hat vor allem wissenschaftliche Gründe: Jahrelang habe man falsche Wachstums- und Alterseinschätzungen als Grundlage genutzt und daher den Bestand deutlich zu hoch eingeschätzt. Wegen neuer Erkenntnisse mussten die Bestandsgrößen nach unten korrigiert werden. Damit verlor der EU-Managementplan für den Dorsch im vergangenen Jahr seine Gültigkeit – er ist aber eine wichtige Voraussetzung für das Ökosiegel. Der vorläufige Entzug des Siegels sei unvermeidlich gewesen, „auch wenn die Fischer selbst nicht für diese Situation verantwortlich waren", sagt Andrea Harmsen von MSC Deutschland. Es ist das erste Mal, dass deutsche Fischer das Siegel wieder verlieren. Meeresbiologen wie Rainer Froese vom Kieler Leibniz-Institut für Meereswissenschaften (IFM-Geomar) begrüßen trotzdem den radikalen Schritt. „Der östliche Dorsch ist in einem schlechten Zustand und verdient kein Ökolabel", sagt er. Vom Siegelentzug sind Fischer aus Deutschland, Dänemark, Schweden, Polen und Lettland betroffen. Gerade deutsche Ostseefischer trifft es wirtschaftlich hart. 2015 haben sie rund 1600 Tonnen MSC-Dorsch gefangen. Der Dorsch ist die am häufigsten gefangene Fischart in der Ostsee, noch vor Hering und Sprotte. „Er ist unser Brotfisch", sagt Kai-Arne Schmidt, Geschäftsführer der Erzeugergemeinschaft der Nord- und Ostseefischer. 60 000 Euro hätten die Betriebe investiert, um das Ökosiegel zu erhalten. In den kommenden Wochen, wenn die Dorschfischerei wieder beginne, werde sich zeigen, ob der aktuelle Kilogrammpreis von rund 1,30 Euro auf unter einen Euro falle. „Mittelfristig können die Fischer davon nicht existieren." Die wichtigsten Abnehmer, die Produzenten von Tiefkühlprodukten wie Fischstäbchen, hätten bereits mitgeteilt, nur Dorsch mit MSC-Siegel verwenden zu wollen. Schmidt: „Uns fällt ein riesiger Markt weg." *muk*

Wichtigster Ostseefisch: der Dorsch

Meeresbiologie

Tintenfische tricksen Haie aus

Tintenfische sind Meister der Tarnung. Das zeigt die jüngste Studie eines Forscherteams aus den USA, die das Fachblatt „Proceedings of the Royal Society" ver-

Listig: der Gewöhnliche Tintenfisch

öffentlicht hat. Die Tintenfischart *Sepia officinalis* (Gewöhnlicher Tintenfisch) schafft es, in bestimmten Situationen ihre bioelektrischen Signale herunterzudimmen, um sich so vor Haien zu verstecken. Für die Tiere sei diese außergewöhnliche Verschleierung extrem wichtig, weil Tintenfische wegen ihres Weichkörpers und fehlender Verteidigungsmöglichkeiten eine leichte Beute seien, schreiben die Autoren. Haie können die elektrischen Felder, die Tintenfische erzeugen, mit ihren Sinnesorganen am Kopf, den Lorenzinischen Ampullen, wahrnehmen und so die Beute orten. Für die Studie filmten die Wissenschaftler heranschwimmende Haie und zeigten die Videos den Tintenfischen, um vergleichbare Versuchsbedingungen zu gewährleisten. In 32 von 34 Versuchen dimmten die Tintenfische tatsächlich Spannung und Frequenz der Signale „in beachtlichem Umfang" herunter, als sie den gefilmten Hai entdeckten. Indem sie kurzzeitig den Atem anhielten, reduzierten sie die bioelektrischen Potenziale um 16 Prozent, in einigen Fällen sogar um bis zu 90 Prozent, sagt Studienautorin Christine Bedore von der Georgia Southern University in Statesboro. Verstecken sich die Tintenfische zudem noch unter einem Stein oder einer Muschel, würden sie wahrscheinlich noch seltener entdeckt. Auch die Reaktion der Haie auf die reduzierten Signale wurde untersucht. Die Zahl der Beißattacken ging um bis zu 50 Prozent zurück – ein Hinweis darauf, dass die Tintenfischstrategie erfolgreich ist. „Es ist höchst wahrscheinlich", so Bedore, „dass auch andere Tintenfischarten ähnliche Tarnungsmethoden nutzen." *muk*

Wirtschaft

Riesiger Kohlehafen am Riff

Trotz heftiger Kritik von Umweltschützern und Wissenschaftlern darf der indische Konzern und Minenbetreiber Adani Millionen Kubikmeter Meeresboden abtragen – ganz in der Nähe des australischen Großen Barriereriffs, das seit 1981 Unesco-Weltnaturerbe ist. Australiens Umweltminister Greg Hunt genehmigte die umstrittenen Ausbaggerungen für den Ausbau des Kohlehafens Abbot Point unter „den strengsten Bedingungen in der australischen Geschichte", wie er erklärte. Adani hatte zuvor die Menge des abzutragenden Schlammes um 97 Prozent nach unten korrigiert. Der Konzern will zugleich auch die Carmichael-Mine ausbauen. Geplant ist sie auf einer Fläche fast doppelt so groß wie Frankfurt. Die hier im Tage- und Untertagebau geförderte Kohle soll per Ei-

Vor 60 Jahren

Das erste Containerschiff nimmt seinen Dienst auf

Angeblich soll dem Unternehmer Malcom McLean die entscheidende Idee beim Ziehen einer Schachtel Zigaretten aus dem Automaten gekommen sein. Ließen sich Waren nicht ganz ähnlich aufeinandergestapelt auf einem Schiff transportieren? Fakt ist, dass am 26. April 1956 mit der „Ideal X" aus McLeans Schiffsflotte das erste Containerschiff der Welt seine erste Fahrt absolviert. Es geht von New Jersey nach Houston in Texas. Auf dem Oberdeck reihen sich dicht an dicht 58 gleich große Stahlkisten, gefüllt mit Textilien, Tabak und Zigaretten. Das Verladen hat diesmal nicht mehrere Tage, sondern nur wenige Stunden gedauert. Die Zeitersparnis für McLean in Geld: Statt 15 000 US-Dollar muss er nur 1600 Dollar Liegekosten bezahlen. McLean, Jahrgang 1913, Transportunternehmer, hatte sich immer darüber geärgert, dass es so lange dauert, bis Waren vom Land aufs Schiff und umgekehrt gebracht wurden, und griff auf eine bereits während des Zweiten Weltkriegs erprobte Technik zurück. Damals wurden Flugzeugteile und Militärausrüstung in Kisten per Kran aufs Oberdeck gehievt und dort einzeln verlascht. Nun lässt er eine Art Gitterrost entwickeln, in dem man nebeneinander Metallboxen sicher aufstellen kann. Die Reaktionen auf McLeans Erfindung sind zunächst negativ. Reeder und Hafenbetreiber schrecken die hohen Investitionskosten, Hafenarbeiter befürchten den Verlust ihrer Arbeitsplätze. Doch die Entwicklung ist nicht aufzuhalten. Im Mai 1966 transportiert McLeans „Fairland" die ersten Container über den Atlantik bis nach Bremerhaven. Ein Jahr später schickt der Reeder sein erstes Containerschiff nach Asien. Heute ist das Transportwesen ohne die normierten Behälter nicht mehr vorstellbar. *fk*

Illustration: Ueli Etter

Widerstand: Demonstration in Sydney gegen den Bau des Kohlehafens

senbahn nach Abbot Point gebracht und dann nach Indien verschifft werden. Bis zu 120 Millionen Tonnen Kohle sollen den Hafen jährlich verlassen. Abbot Point wäre damit der größte Kohlehafen der Welt. Laut Minister Hunt reicht die Menge der Kohle aus, um 100 Millionen Inder mit Strom zu versorgen. Shani Tager von Greenpeace Australien ist erschüttert. „Auf einer Fläche von 61 Hektar unberührten Meeresboden auszuheben ist an sich schon unverantwortlich. Und das alles für eine riesige, dreckige Kohlemine, die den Klimawandel weiter anheizen wird. Das ist grob fahrlässig." Selbst wichtige Banken, zum Beispiel die Deutsche Bank, haben sich nach den Protesten aus der Finanzierung zurückgezogen. Umweltschützer fürchten, umhertreibender Schlamm könne sich auf den Korallen absetzen. Das Große Barriereriff – 2300 Kilometer lang und wichtige Touristenattraktion – hat in den vergangenen 30 Jahren durch Umweltgifte und Klimawandel bereits die Hälfte seiner Korallendecke verloren. *mz*

Kulinarik

Wodka und Gin aus Texel

Die niederländische Wattenmeerinsel Texel ist für ihre Dünen und Polder bekannt. Nun soll das Eiland zwei neue Attraktionen bekommen: original Texeler Wodka und Gin. Ende vergangenes Jahr hatten die beiden Inselbewohner Jaco Spek und Kees Groenewoud die Brennerei Stokerij Texel gegründet, um künftig Touristen und Einheimische mit den beiden Schnapsgetränken zu versorgen, die sie TX Wodka und TX Gin nennen. Die ersten Getränke sollen schon ab diesem Frühjahr erhältlich sein. Erst im Januar verkündeten Spek und Groenewoud via Twitter, dass ihr Ginrezept nun endgültig feststehe: „Mit Sanddorn und Holunderblüten. Die Produktion kann beginnen." Früher verfügte nahezu jeder Texeler Bauernhof über eine eigene Brennerei, in der die Reste der Ernte, meist Kartoffeln, destilliert wurden. Auch die beiden Gründer nutzen Kartoffeln, die wegen ihrer Form nicht exportiert werden können. „Wir wollen Schnaps aus lokalen Zutaten herstellen, der mit den Aromen von Sanddorn und Holunderblüten seine ganz eigene inseltypische Note haben wird", sagt Spek, der neben der Brennerei auch den Texeler Leuchtturm verwaltet. *mz*

Technik

Roboter rettet Flüchtlinge

Eine ferngesteuerte Boje namens „Emily" soll künftig Flüchtlingen an der griechisch-türkischen Küste das Leben retten. „Emily" steht für „Emergency Integrated Lifesaving Lanyard" und ist eine 1,60 Meter lange, knallrote Boje mit Halteseilen. Mit einer Art Jetskiantrieb schafft „Emily" ein Tempo von bis zu 35 Kilometern in der Stunde und ist so deutlich schneller bei einem Ertrinkenden als ein Rettungsschwimmer. Mit bis zu fünf Geretteten kann „Emily" an Land gezogen werden. Das Center for Robot-Assisted Search and Rescue (Crasar) der Texas A&M University nahe Houston hat Anfang des Jahres auf der Insel Lesbos zwei Exemplare der „Emily" an die griechische Küstenwache und das griechische Rote Kreuz übergeben. Dort sollen die Bojen die Lebensretter vor allem in einer Art Niemandszone unterstützen. „The gap" nennen Fachleute den Bereich vor der Küste, der zum einen zu flach ist für Schiffe der Küstenwache und der mit Schlauchbooten wegen starker Strömungen schlecht zu erreichen ist. Zum anderen ist dieser Streifen zu weit draußen für Rettungsschwimmer. „Wir hoffen, dass wir das hier Gelernte auch in anderen marinen Katastrophen wie Kreuzfahrt- oder Fährunglücken anwenden können", schreibt Crasar-Direktorin Robin Murphy in ihrem Blog. Bis dahin müssen allerdings noch technische Hürden überwunden werden. Noch hält etwa die Batterie nur 20 Minuten. „Emily" wurde 2010 vom Ingenieur Anthony Mulligan entwickelt, dessen Firma Hydronalix auf Schwimmroboter spezialisiert ist. Das Unternehmen aus Arizona arbeitet eng mit Forschungseinrichtungen und der US-Navy zusammen. *muk*

Ferngesteuert: Rettungsboje „Emily"

Umwelt
Plastik im Fisch

Speisefische aus Nord- und Ostsee sind zum Teil mit Mikroplastik belastet. Das haben Wissenschaftler des Bremerhavener Alfred-Wegener-Instituts, Helmholtz-Zentrum für Polar- und Meeresforschung (AWI) in zwei neuen Studien nachgewiesen. Als Mikroplastik bezeichnet man Partikel aus zerriebenem Kunststoff, die kleiner sind als fünf Millimeter. Bisher glaubte man, dass diese vor allem für Seevögel eine Gefahr darstellen. Jetzt identifizierten die Forscher zwei weitere Tiergruppen, die diese Partikel aufnehmen. Die erste Gruppe umfasst Nord- und Ostseespeisefische wie Kabeljau und Makrelen; die zweite Gruppe sind Pflanzenfresser wie Strandschnecken, die sich von Großalgen ernähren und Fischen sowie Krebsen als Beute dienen. Für ihre Studien hatten die Biologen den Mageninhalt von 290 Speisefischen wie Kabeljau, Makrele, Hering und Flunder untersucht. Welche Fische wie stark Mikroplastikpartikel aufnehmen, hängt offenbar von verschiedenen Faktoren ab. „Unsere Ergebnisse deuten darauf hin, dass Fischarten, die an der Wasseroberfläche oder in den oberen Schichten nach Fressbarem suchen, eher Gefahr laufen, Plastik zu verschlucken, als andere", sagt AWI-Studienleiter Gunnar Gerdts. Bei sich an der Oberfläche vom Plankton ernährenden Makrelen lag der Prozentsatz von belasteten Tieren je nach Meeresregion zwischen 13 und 30 Prozent. Weniger kritisch war der Mageninhalt von in Bodennähe lebenden Flundern und Klieschen. Einige Fischarten nehmen die Partikel zufällig auf. Bei Makrelen aber handelt es sich sehr wahrscheinlich um eine Verwechslung: Die Partikel ähneln frisch geschlüpften Seenadeln, die Makrelen besonders gern fressen. Wie sich Mikroplastik auf Meereslebewesen auswirkt, ist noch nicht geklärt. *röß*

Politik
Uelzen ist jetzt Hansestadt

Die Stadt Uelzen in Niedersachsen darf sich ab sofort Hansestadt nennen. Bürgermeister Jürgen Markwardt teilte mit, dass er den Brief vom niedersächsischen Innenminister mit der Ernennung erhalten habe. Damit erhöht sich Zahl der deutschen Hansestädte auf 25. Die Kreisstadt südöstlich von Hamburg hatte sich aktiv um den Titel bemüht und sich auf historische Bezüge berufen. „Uelzen ist bereits in den ersten Erwähnungen seiner auswärtigen Beziehungen deutlich auf den Wirtschaftsraum der Hanse hin orientiert: Zollbestimmungen des 13. Jahrhunderts für die Elbe zeigen, dass Händler aus Uelzen auf diesem Fluss Handel trieben", erklärt Thomas Vogtherr, Vorsitzender der Historischen Kommission für Niedersachsen und Bremen. Bis ins 16. Jahrhundert war die Stadt ein wichtiger Handelsplatz für Holz, Pelze, Getreide und Wachs. „Im Spätmittelalter mischten die Händler dann sogar im hansischen Englandhandel mit", sagt Vogtherr. Die offizielle Verleihung des Titels ist für Ende April geplant. *mz*

Sportboote
Mit Bio gegen Rumpfbewuchs

Ein österreichisches Unternehmen will nach eigenen Angaben das weltweit erste, vollständig biologische Antifoulingprodukt entwickelt haben. Diese Schiffsanstriche sollen zum einen verhindern, dass sich Pflanzen oder Tiere auf Schiffsrümpfen ansiedeln und sich so der Treibstoffverbrauch erhöht. Zum anderen sollen keine Lebewesen in fremde Gebiete transportiert werden. Das neue Produkt enthalte ausschließlich pflanzliche Wirkstoffe, kombiniert mit Paraffinen, versichert der Hersteller Powerclean International, der eine Umbenennung plant. Die grünbraune Paste könne per Hand, aber auch per Rolle oder Spachtel auf den Schiffsrumpf aufgetragen werden. Sie sei so hautverträglich, dass sie sich auch als Wasser- und Nässeschutz „für menschliche Haut oder für Hundepfoten" eigne, heißt es in einem Produktblatt. Vor zwei Jahren habe man in Kroatien einige Boote zum Test beschichtet. „Zum Teil wirkt die Beschichtung auch noch im dritten Jahr. Für ein Jahr geben wir Garantie auf die Wirksamkeit", sagt Otto Kalkbrenner, der den Vertrieb organisiert. Ein Kilogramm der Paste koste 59 Euro. Es reiche für eine Fläche von bis zu 25 Quadratmetern. Die EU-Biozidverordnung regelt den Einsatz von Antifoulingprodukten. Zurzeit sind nach Angaben des Umweltbundesamts (UBA) elf Wirkstoffe zugelassen. Antifoulingprodukte enthielten entweder biozidhaltige Verbindungen wie Kupfer oder basierten auf Silikon- und Teflonverbindungen – beide seien nur beschränkt biologisch abbaubar. Ihr sei „kein ausreichend wirksames und 100 Prozent biologisches oder biologisch abbaubares Antifoulingprodukt bekannt", sagt Ingrid Nöh, UBA-Fachgebietsleiterin Umweltprüfung Biozide. Das UBA setzt sich seit Jahren für eine Reduzierung der Antifoulingeinträge und umweltfreundlichere Alternativen ein. In einer der jüngsten Studien untersuchten die Forscher in 50 deutschen Sportboothäfen die Wasserqualität. Sie wiesen in 35 Häfen „besorgniserregende Belastungen" mit Kupfer und organischen Bioziden nach. *muk*

Illustration: Ueli Etter

Impressum

mare

Verleger
und Chefredakteur
Nikolaus Gelpke (V.i.S.d.P.)

Stellvertretender Chefredakteur
Textchef
Karl Spurzem
spurzem@mare.de

Art Director
Nadja Zobel
zobel@mare.de

Photo Director
Barbara Stauss, Petra Koßmann
stauss@mare.de, kossmann@mare.de

Redaktion Leben/Politik
Dimitri Ladischensky
ladischensky@mare.de

Redaktion
Wirtschaft/Wissenschaft
Jan Keith
keith@mare.de

Redaktion Kultur
Zora del Buono, Martina Wimmer
delbuono@mare.de, wimmer@mare.de

Redaktion Online
Wiebke Böse
boese@mare.de

Leitung Marketing/Kommunikation
Jan Lehmköster
lehmkoester@mare.de

Vertriebsleitung
Karin Trommer
trommer@mare.de

Buchhaltung
Nicole Steinhauser
steinhauser@mare.de

Organisation
Eva Grünert
gruenert@mare.de

Satz/Lithografie
Andrea Best
best@mare.de

Korrektorat
Susanne Feyke

Produktion
HS Printproduktion, Holger Schmirgalski

Druck
Druckhaus Kaufmann

Vertrieb
Stella Distribution GmbH
ISSN 1432-928X
ISBN 978-3-86648-404-7

Abonnementvertrieb
QS Quality Service GmbH

ANZEIGEN

Anzeigenvermarktung

iq media marketing gmbh
Ein Unternehmen der Verlagsgruppe
Handelsblatt
Kasernenstraße 67, 40213 Düsseldorf
www.iqm.de

Anzeigenleitung mare
Anke Wiegel,
iq media marketing gmbh
Speersort 1, 20095 Hamburg
Tel. 040/3280-345, anke.wiegel@iqm.de

Repräsentanz Düsseldorf
Marion Weskamp, Tel. 0211/887-2055
Kasernenstraße 67, 40213 Düsseldorf

Repräsentanz Frankfurt/Main
Oliver Mond, Tel. 069/2424-4536
Eschersheimer Landstraße 50
60322 Frankfurt/Main

Repräsentanz München
Axel Schröter, Tel. 089/545907-17
Nymphenburger Straße 14/2. Stock
80335 München

International

iq media marketing gmbh
Gerda Gavric-Hollender, Tel. 0211/887-2343
Kasernenstraße 67, 40213 Düsseldorf

Österreich
Internationale Medienvertretung & Service
proxymedia e.U.
Michael Schachinger-Brauner
Tel. +43/(0)2622/36755
Wiesengasse 3, 2801 Katzelsdorf

Schweiz
Top Media Sales GmbH
Walter von Siebenthal, Tel. +41/(0)41/7105701
Chamerstrasse 56, 6300 Zug

TEXTNACHWEIS

S. 33 l.: Thomas Wolfe: Von Zeit und Fluss. Aus dem Amerikanischen übersetzt von Irma Wehrli. © 2014 by Manesse Verlag, Zürich, in der Verlagsgruppe Random House GmbH, München;
S. 33 r.: Wolfgang Hilbig: die sommersee. Aus: die versprengung. gedichte. Hrsg. von Thomas Beckermann, S. Fischer Verlag, Frankfurt am Main, 1986.

Der Abonnementauflage von mare sind Beilagen von Buchwerbung der Neun GmbH, München, und K-Mail Order GmbH, Pforzheim, hinzugefügt. Wir bitten um freundliche Beachtung.

ANSCHRIFTEN

Redaktion und Verlag
mareverlag GmbH & Co. oHG
Sandthorquaihof
Pickhuben 2, 20457 Hamburg
Telefon 040/36 98 59-0
Fax 040/36 98 59-99
mare@mare.de, www.mare.de

Redaktionsbüro Berlin
Oranienstraße 10–11
10997 Berlin

Art Direction: Telefon 030/612 86 154
Photo Direction: Telefon 030/617 027 34
Redaktion Kultur: Telefon 030/612 806 93
Fax 030/612 806 94

ABONNEMENTSERVICE

mare-Service
Postfach 11 10 11, 20410 Hamburg
service@abo.mare.de
Telefon +49/(0)40/3007-3536, Fax -853536

Jahresabonnement: 51,30 Euro/91 CHF
Studentenabonnement: 45,60 Euro/79 CHF

mare ist stets erhältlich im
Bahnhofs- und Flughafenbuchhandel.

mare erscheint im mareverlag
GmbH & Co. oHG, HRA 90234,
PHG: Dreiviertel Verlag GmbH,
HRB 63029, Nikolaus Gelpke

BILDNACHWEIS

(l.: links; r.: rechts; M.: Mitte; o.: oben; u.: unten)
Titel: Sandro Botticelli, „Die Geburt der Venus“/Foto (Ausschnitt): bpk/Scala – courtesy of the Ministero Beni e Att. Culturali; S. 5: Mathias Bothor; S. 6 v.o.l.n.u.r.: Bénédicte Kurzen/Noor; Archiv Ronald A. Smith; Barbara Dombrowski/laif; Yann Arthus-Bertrand/Corbis; Sandro Botticelli, „Die Geburt der Venus“/Foto: bpk/Scala – courtesy of the Ministero Beni e Att. Culturali; Brooklyn Museum, Gift of Hilda Katz, 78.154.29. © artist or artist's estate; Collection Kharbine-Tapabor/Studio X; S. 8/9: mare/Illustration: RB + MKB-Deskkart, Hamburg; S. 12–30: Bénédicte Kurzen/Noor; S. 31 (Karte): Peter Palm, Berlin; S. 32: Joaquín Sorolla y Bastida, „Mar“, 1905, N° Inv. 00726, Museo Sorolla; S. 34 (beide): Archiv Peter Bennett; S. 35: Australian National Maritime Museum, Peter Bennett; S. 37 o. und M.: Archiv Peter Bennett; S. 37 u.: Australian National Maritime Museum, Peter Bennett; S. 38: Australian National Maritime Museum, Yvonne Radzevicius; S. 39: 2010 Tony McDonough/Australian National Maritime Museum, Yvonne Radzevicius; S. 40 und 41: Archiv Ronald A. Smith; S. 45: https://de.wikipedia.org/wiki/Manfred_Gnädinger (Stand: 26.02.2016); S. 47: Markus Röleke/Droemer-Knaur; S. 48–56: Barbara Dombrowski/laif; S. 60–62 (Illustration): Jörg Hülsmann; S. 65 o.: akg-images/RGSEL; S. 65 u.: Martin Kaluza; S. 66–69: Royal Pavilion & Museums, Brighton & Hove; S. 70/71: Yann Arthus-Bertrand/Corbis; S. 73: Vlad Sokhin/laif; S. 75 (Grafik): Walther-Maria Scheid; S. 76: Matthieu Paley; S. 79: Pascal Cloëtta; S. 80–86: Sandro Botticelli, „Die Geburt der Venus“/Foto: bpk/Scala – courtesy of the Ministero Beni e Att. Culturali; S. 88–97: Image rights of Salvador Dalí reserved. Fundació Gala-Salvador Dalí, Figueres, 2016, © für Salvador Dalís Werke (S. 88/89, 90, 91, 95, 96 o.l. und 97): © Salvador Dalí, Fundació Gala-Salvador Dalí, VG Bild-Kunst, Bonn 2016; Copyrights der Fotografen: S. 88/89: Eric Schaal: Facade of the „Dream of Venus“ pavilion, 1939/Eric Schaal © Fundació Gala-Salvador Dalí, Figueres, 2016; S. 90: Eric Schaal: Salvador Dalí painting one of the murals inside the „Dream of Venus“, 1939, 21,5 x 20,7 cm, Nr. 7894/Eric Schaal © Fundació Gala-Salvador Dalí, Figueres, 2016; S. 91: Eric Schaal: Venus dreaming, interior of „Dream of Venus“, 1939, 20,4 x 25,3 cm, Nr. 8213/Eric Schaal © Fundació Gala-Salvador Dalí, Figueres, 2016; S. 92 (beide): Murray Korman/Salvador Dalí, reproduced by permission of Howard L. and Muriel Weingrow Collection of Avant-Garde Art and Literature at Hofstra University; S. 93: Horst P. Horst, Courtesy of Condé Nast © The Horst Estate; S. 94 o.l.: Eric Schaal: Mermaids interior of „Dream of Venus“, 1939, 25,4 x 20,5 cm/Nr. 7925/Eric Schaal © Fundació Gala-Salvador Dalí, Figueres, 2016; S. 94 o.r.: Eric Schaal: Two mermaids of „Dream of Venus“, 1939, 25,3 x 20,4 cm, Nr. 8206/Eric Schaal © Fundació Gala-Salvador Dalí, Figueres, 2016; S. 95: Eric Schaal: „Der Traum der Venus“, 1939/ullstein bild; S. 96 o.l.: Eric Schaal: Piano mannequin of the „Dream of Venus“, 1939, 21,2 x 20,6 cm, Nr. 1296/Eric Schaal © Fundació Gala-Salvador Dalí, Figueres, 2016; S. 96 o.r.: Eric Schaal: Mermaid of „Dream of Venus“, 1939, 25,3 x 20,4 cm, Nr. 8202/Eric Schaal © Fundació Gala-Salvador Dalí, Figueres, 2016; S. 97: Eric Schaal: Salvador Dalí and Gala in the ticket office of the „Dream of Venus“ pavilion at the New York World Fair of 1939, 1939, 25,4 x 20,5 cm, Nr. 2392/Eric Schaal © Fundació Gala-Salvador Dalí, Figueres, 2016; S. 101 und 102: Hans Hansen; S. 104 (Berlinale-Plakat): Velvet Creative Office © Internationale Filmfestspiele Berlin; S. 104 u. und r.: © Internationale Filmfestspiele Berlin; S. 105: © Ulrike Ottinger; S. 107: aus dem besprochenen Buch; S. 108 u.: Max Gerntke, „Stadt der Zukunft“, um 1925, farbige Kreiden, Wasserfarben, 73 x 50 cm, © Museum für Kunst und Gewerbe Hamburg; S. 108 r.: Willy Davidson, „Elbe“, aus der Mappe: „Erde und Eisen“, 1920, Lithografie, koloriert, 50,2 x 40 cm, © Museum für Kunst und Gewerbe Hamburg; S. 109: Heike Ollertz/Ag. Focus; S. 111 (Porträt Kasten): Wiebke Böse; S. 112: Brooklyn Museum, Gift of Hilda Katz, 78.154.29. © artist or artist's estate; S. 116: Brunhes-Delamarre/Kharbine-Tapabor/Studio X; S. 117 (Kasten): Anja Witt; S. 117 o.: Beate Müter/Flonline; S. 118–120 und 122/123: Collection Kharbine Tapabor/Studio X; S. 121: Bibliothèque nationale de France, SGE SG WE-1; S. 124–127 (Illustration unten): Ueli Etter; S. 124 o.l.: Diego Urdaneta/AFP/Getty Images; S. 124 u.: Michael Kottmeier/k. foto; S. 125 o.l.: Alexander Semenov/SPL/Ag. Focus; S. 125 (Kasten): https://en.wikipedia.org/wiki/Malcom_McLean (Stand: 26.02.2016); S. 126 o.l.: Richard Milnes/Demotix/Corbis; S. 126 u.: Kimball Hall; S. 127: Kriki/Christian Groß; S. 128: Heike Ollertz/Ag. Focus; S. 129 o.: Giovanni Cocco; S. 129 M.: Library of Congress, Prints and Photographs Division, Washington, D.C. 20540, Harris & Ewing Coll., Reproduction Number: LC-DIG-hec-40747; S. 129 u.: Mathias Bothor; S. 130: Alina Schlieder; Heftrücken: Conny Bangert.

mare *No. 116* Juni/Juli 2016

ab 7. Juni im Zeitschriften- und Buchhandel

Rock 'n' Roll

Jedes Jahr im August platzt eine kleine Stadt an der Adria aus allen Nähten. Die Menschen tanzen am Strand, tragen Tollen und Hosenträger, Lippenstift und Petticoats, fahren alte Cadillacs, Buicks und Chevrolets. Der „Summer Jamboree" im italienischen Seebad Senigallia ist das größte Festival Europas zu Ehren des Rock 'n' Roll und der amerikanischen Kultur der 1940er- und 1950er-Jahre. Aber es ist noch mehr: nämlich ein Ausflug zu den Ursprüngen unserer Sehnsucht.

Amelia Earhardt
1937 brach die weltberühmte US-Luftfahrtpionierin und Frauenrechtlerin zu ihrem letzten Flug auf. Bei ihrem Versuch, die Erde entlang des Äquators zu umrunden, riss der Funkkontakt über dem Pazifik ab. Ihre Leiche und das Flugzeug wurden nie gefunden.

Nachgestellte Seeschlachten
Es waren glanzvolle und zugleich mörderische Spiele, die sogenannten Naumachien: Im alten Rom wurden auf Binnengewässern Seeschlachten nachgestellt, um das Volk zu unterhalten. Für den Kaiser dienten die maritimen Gladiatorenkämpfe als Demonstration seiner Macht.

Tsunamis in Europa
In europäischen Gewässern brauchen wir keine Angst vor Tsunamis zu haben? Weit gefehlt. Laut dem Deutschen Geoforschungszentrum (GFZ) in Potsdam ist das Mittelmeer das zweitgefährdetste Meer der Erde.

Containerhafen Hamburg
In einem Terminal im Hamburger Hafen hat die Zukunft längst begonnen. Dutzende selbst fahrende Wagen, die „Automated Guided Vehicles", transportieren die gelöschte Fracht vom Containerschiff zu den wartenden Lkws. Schnell, vollautomatisch, unfallfrei.

Wasseraffentheorie
Lebten unsere Vorfahren im Meer oder in Seen? Die „Wasseraffentheorie" geistert seit Jahrzehnten durch die Köpfe der Fachwelt, mal ernsthaft, mal weniger ernst. Das Auf und Ab ist auch ein Lehrstück dafür, wie die Wissenschaft funktioniert.

Fisherman's Friend
1865 erschuf der Apotheker James Lofthouse im englischen Fleetwood eine Mixtur aus Lakritz, Eukalyptus und Menthol – und nannte sie „Fisherman's Friend". Die Hustenpastillen, eigentlich nur für die lokalen Fischer gedacht, machten unverhofft eine Weltkarriere.

Alina Schlieder, Illustratorin und Kommunikationsdesignerin aus Seevetal, interpretierte für mare den Song „Breakwater" der finnischen Death-Metal-Band Ghost Brigade, der das Untergangsgefühl eines einsamen Jugendlichen thematisiert. Die zahlreichen Subgenres des Heavy Metal – der wiederum ein Abkömmling des Hardrock der 1970er-Jahre ist – rühmen sich beinahe stereotyp, aber oft zu Unrecht, jenseits von Konventionen und Grenzen des Metal zu stehen. Ghost Brigade erfüllen diesen Anspruch durchaus. Zwar ist der Kern ihrer Musik auch hier das Metal-„growling", der gutturale Schreigesang, und harte, laute Gitarrenriffs, aber durchaus elegant wechselt die Band zu lyrischen, feinsinnig komponierten Partien, die starke psychophysische Wirkungen erzeugen.